U0078500

贏在這一秒

黃國興　著

決定帆船方向的不是風的方向而是風帆。
在我們人生中，風就像命運一樣跟隨在身旁。
但是決定我們目的地的不是平靜或者澎湃的風向，
而是個人的選擇。
——Ella Wheeler Wilcox

三民書局

國家圖書館出版品預行編目資料

贏在這一秒／黃國興著. －－初版一刷. －－臺北市:
三民, 2011
面; 公分

ISBN 978-957-14-5482-5 (平裝)

1. 自我實現 2. 成功法

177.2 100005842

© 贏在這一秒

著 作 人	黃國興
責任編輯	楊于萱
美術設計	謝岱均
發 行 人	劉振強
發 行 所	三民書局股份有限公司 地址 臺北市復興北路386號 電話 (02)25006600 郵撥帳號 0009998-5
門 市 部	(復北店) 臺北市復興北路386號 (重南店) 臺北市重慶南路一段61號
出版日期	初版一刷 2011年5月
編 號	S 493380

行政院新聞局登記證局版臺業字第○二○○號

有著作權・不准侵害

ISBN 978-957-14-5482-5 (平裝)

http://www.sanmin.com.tw 三民網路書店

※本書如有缺頁、破損或裝訂錯誤，請寄回本公司更換。

CONTENTS

目次

贏在這一秒

CONTENTS

推薦序

黃國興博士是我成功大學同系的學弟，認識他時，黃博士已是美國希捷科技的研發副總。他在美國求學與工作的奮鬥過程，令我非常敬佩。

就像我們身邊的鄰家平凡子弟，黃博士沒有顯赫的家世背景，卻能在競爭激烈的美國，被世界頂級的企業委以重任，帶領研發團隊，成為傑出的管理者。這不禁令人好奇，究竟他有什麼秘訣，能獲致今日的成就。

這本書是黃博士舉他在臺灣成長，及在美國留學、就業、打拚成功的經驗與例子，以條理分明、娓娓道來的方式，向讀者強調積極的人生觀可以改變自己的命運。啟發讀者，只要有心，就可以從勇於改變自己做起。鼓舞讀者告訴自己，人生的選擇權在自己手中。這些看似淺顯的道理，卻常被時下的年輕人忽略了。黃博士把他身體力行的經驗與心得寫在書裡，並輔以東、西方智者與名人語錄，更能讓我們省思，這是學校教科書沒教到的知識，尤其值得推薦給面臨人生十字路口的大學畢業生作為畢業禮物。

人生在關鍵的一秒鐘，只要有正向的轉念，就能扭轉自己的命運。這是一本可以影響年輕人的好書，它像一個羅盤，可指引正在求學或初踏入社會的青年，領悟自己未來要走的路，在一秒間作出足以影響一生的正確決定。

鑫科材料科技股份有限公司董事長
中鋼碳素化學股份有限公司總經理　王茂根
二〇一一年四月

推薦序

這是一本實用的身心靈「使用手冊」。身處快速變遷的時代中，要兼顧工作及生活的品質並不容易；在追求理想的過程中，更需經常面對挫折的考驗。黃博士以他多年在美國工作的心得，提出許多發人深省的實例，激勵讀者從日常生活習慣做起，發揮潛能、實現夢想。

工業技術研究院院長　徐爵民

二〇一一年四月

推薦序

黃國興博士在二〇〇七年出版第一本書《領導與管理5大祕密》時，個人剛進光洋應材服務，為強化並深化公司的團隊合作及組織領導，光洋應材決定以本書做為幹部訓練的教材，當時產生極大的迴響，也從中發掘了許多優秀且有潛力的幹部。

黃博士的第二本書《贏在這一秒》，更是從完整和細膩的面向，剖析成功領導者的特質、能力培養及正確價值觀的重要性。本書相當有系統的闡述如何改變信念、改變習慣、激發潛能，藉此發揮個人的體能、智能、情感能力及精神能力，邁向充實、成功和快樂的人生，進而建構一個富而好禮的社會。個人認為本書給讀者最大的鼓舞和激勵在於這是黃博士求學、生活及工作中實際經驗淬鍊的分享，所有的案例真實而深刻，不但呈現黃博士真實的自己，更輝映出所謂「全人教育」的完整註解。從一個科學和工程背景出身，黃博士能將這些經驗刻劃得如此深刻，的確難能可貴，值得每一個讀者細讀、省思及身體力行。

讀完本書後，個人又仔細的回顧過去四年與黃博士於公於私的共處，更深刻的體會一個成功領導者的特質（特別是長年在海外異鄉獨自奮鬥），是承諾、真實、寬恕、鼓舞；是正面思考、自我挑戰；是勇於築夢、寵辱不驚；這些都是個人在黃博士身上親身的體驗，也正因為這些實證，更顯得本書不凡的價值。

於此個人要積極推薦：翻開本書的任何一個章節，讀完了、體會了、做到了，你我的人生觀、價值觀乃至於社會觀，將產生潛移默化的極正向改變！現在就讓我們開始細讀本書！

光洋應用材料科技股份有限公司總經理　馬堅勇

二〇一一年四月

推薦序

發揮潛能，擁有不凡的人生

黃國興先生是我在成功大學唸書時的學長。在那段青春歲月裡，我們除了有讀書升學的壓力，還得投注大量時間和體力在橄欖球隊的練習和比賽上。但大家都不以為苦，反而因為有贏球、為球隊爭光的共同目標，建立起深厚的友誼。畢業後，國興學長出國唸書、就業，近幾年，在美國希捷科技(Seagate Technology LLC)的職位不停攀升，肩上的管理責任也更重了，可是他每次返臺休假，反而花更多時間到各處演講，分享他的管理經驗，這樣無私奉獻的精神，著實令人佩服。

在這本書中，國興學長分享他在美國企業工作二十餘年的親身體驗與心得。首先點出了現代企業與個人普遍面臨的挑戰與問題，再提出發揮潛能的四大訓練，即是從體能、智能、情感與精神能力著手。記得大學時，國興學長不但是我同科系的學長，更是成大橄欖球校隊中，主攻殿鋒位置，背號同屬十五號的直屬學長。他從不吝惜與我分享打球的訣竅與技巧，更相當照顧我這個小兩屆的學弟。他升大四後，校隊正準備參加大專盃比賽；依往例，這種一年一度的盛事均由經驗豐富的學長出賽，但他告訴我：「學弟，我正在準備研究所考試，體能上你比我強，殿鋒這個位置應該由你擔任，比較適合。」就這樣，他毫不猶豫的從他熟悉的攻守位置退讓下來，改打比較陌生的位置，就因為他相信，由我出任會讓整個團隊表現得更出色。由這個例子可以看出，國興學長在年輕時，就已有知人善任以及提昇團隊表現的能力，並且在他往後的職場生涯中，幫助他從眾多不同種族的競爭者中脫穎而出，擔任高階管理者。

近幾年，國興學長開始積極地在臺灣各地演講，分享他的成功經驗與管理觀念。就像他維持了多年的長跑習慣一樣，一旦下定決心作某件事，他就會堅持到底。演講、出書，都顯示出他希望發揮一己之力，影響更多人，進而改造社會負面、消極的心態。

一個土生土長的臺灣囝仔，靠著正面思考及堅定積極的信念、過人的執行力，在美國社會出人頭地，創造不平凡的人生。誠懇推薦這本書給在職場奮鬥的您，希望藉由國興學長的現身說法，可以幫助您發揮個人潛能，走向健康、快樂、幸福的人生。

瑞晶電子股份有限公司總經理　陳正坤

二〇一一年四月

推薦序

這是一本充滿智慧、提供切實方法及創新點子，能激勵人心的書，讓你的人生成功又快樂。這本書給了我們一個方向去重新評價自己，並完成一些表面上看起來無法達成的事。Steve精心整理了獨特的要領來開啟每個人隱藏的潛能，並透過「十五門成功必修學分」與「人生八大守則」來達到其他人認為你做不到的事。在培養勇氣、提昇智能及擴展眼界方面，本書也提供許多故事與寶貴的洞見。

我已經認識Steve許多年。九〇年代中期，我們在矽谷一同走過一段自我成長的旅程。在一九九九年，他成為一位在磁性資訊高科技儲存產業廣受尊敬且成功的工程師；而我則創立了美國歐萊先進材料公司，成為一位企業家。這本書能清楚傳達給讀者這些成功的訣竅，都歸因於Steve過人的才智與對生活真諦的理解，對於所接觸到的一切事物，他都能以穩健踏實的步伐來擊退所有的不確定性。值得一提的是，他在以白人為主的跨國企業中能快速的升遷至高階管理階層，對亞洲人來說相當罕見，更別說對華裔人士有多難得了。

Steve透過分享他的個人經驗，教我們如何喚醒心中「沉睡的巨人」，還有如何編織遠大的夢想、立定遠大的志向，如何成為成功的人與經營充實的生活。這本書是推動我前進的動力來源，對想要瞭解和與Steve看齊的人，我非常樂意推薦這一本卓越的書，它是一本在生活中尋找成功、幸福和實現遠大夢想的入門書。

美國歐萊先進材料公司　陳週發

二〇一一年四月

序

西元二〇〇七年，我發表第一本書《領導與管理5大祕密——如何創造一支勝利的團隊》。在往後幾年中我在東南亞和美國有許多場的演講。這些演講提供最佳的機會讓讀者、聽眾和我一起討論領導、管理技能以及個人成功和進步的話題。

在討論的單元中，聽眾最常提出的問題和意見不是如何深植領導和管理的技能，大家最有興趣的話題是「Steve，你是如何衝破美國企業的玻璃天花板？」、「什麼是成功人士具備的條件？」、「如何增進個人的進步和成功？」、「東方人和西方人有什麼不同的地方？」等等。

大部分的讀者和聽眾，都有一個先入為主的觀念，那就是要突破玻璃天花板，要成為成功的人士，必須是畢業於一流學府、有顯耀的家世背景、充沛的人脈或者超人一等的能力。但通常聽眾很驚訝的發現Steve是一位平凡臺灣小孩，是一位受一般的臺灣教育，到美國讀書的留學生。既沒有顯耀的學位、背景，也沒有獨特的能力。接著的問題是，如果Steve可以成為跨國公司主管，我們也可以嗎？我們會不會學位太低、能力太差、家境不好？聰明才智不夠？機運不如人？從以上這些問題可以得知，聽眾所尋求的答案是「什麼是成功人士必備的條件？」

因此，我決定著手撰寫《贏在這一秒》這本書。我希望提供給讀者一個很明確的方向和道路。這成功的道路其實很簡單但不容易。很簡單，因為個人的成功因素不是由遺傳、背景、家世、聰明、才智、外表或者外在社會環境因素所決定，而是取決於個人的決心和毅力；不容易，因為走向成功的道路是人跡較少的地方，因為這是一條充滿挑戰和困難的道路，需要勇氣和毅力，因此只有少數成功人士選擇這條道路。

當我們選擇這人跡較少的道路，進而尋找出個人的長處，並且不斷加強、培養優良的習慣，不斷的贏在這一秒，這就是走向成功道路的最佳保證。讀者必須瞭解，改變習慣、走向成功道路的起頭很難，但是一啟動後所有的挫折和困難都會迎刃而解。假以時日，讀者會很驚喜地發現個人正面的改變。

寫這序言時也是我完成這本書的時候。書寫過程中，讓我有許多機會回憶自己的人生。頓時，太多太多需要感謝的人浮現在腦海，許多在我人生中幫助我和支持我的人，在書中，我表達不盡的感激，但這些感激的文字，實在不足以描述他們對我所產生的影響。因此，我在這裡再一次致上最高的謝意。

當然，我最親近的家庭、太太和兩位女兒，她們在我工作、生活和人生道路上，無私的給予最大的支持。因為她們，我才能夠感覺人生如此的富有和幸福。謝謝妳們——Su, Jessica and Justine。

黃國興

二〇一一年三月十六日於美國加州聖荷西

前言 Steve Hwang的挑戰和機會

Steve的新挑戰

二〇〇九年，全世界面臨從一九一七年「經濟大蕭條」以後最大的經濟危機，全球各國公司陸續推出許多振興經濟的方案。其中大部分企業以資遣、停職、停薪等等激烈手段應變這經濟大風暴。就在那年三月中旬的一個下午，Steve接到一通由祕書小姐轉接的電話，要求Steve馬上到公司會議中心來。公司的最高主管將和Steve有一個三十分鐘的一對一會議。

進入公司主管辦公室後，Steve與公司主管開始十分緊張的談話。主管直接明示明天公司將公布高級主管的調整計劃——公司將減少在美國百分之三十的高級主管，以便減少費用支出和增進公司的效率。接著，主管又描述在加州硬碟的研究中心的合併計劃——在這次改組過程中，所有硬碟研發中心將合併成一個單位，並且由合併後的一位副總經理負責所有職務。合併後職責將擴大為管理所有在加州的研發單位，加上從美國其他地方移至加州的硬碟研發中心。接著，公司主管又對Steve說，「我計劃將這個職位交付於你。你願意接受這份職務嗎？」

頓時，Steve心中的憂慮一掃而空，取而代之的是無比的責任感和壓力。這應該是自己值得驕傲和滿足的一刻，也是對個人努力一個最好的禮物。回想二〇〇六年，當自己成為全球最大硬碟公司的副總經理，已經是職業生涯中的一大成就。在矽谷這競爭激烈的高科技產業中，成為華人的副總經理已經是少數中的少數。在這全球經濟大衰退的整頓過程中，非但是少數存活下來的高級主管，他們還被賦予更大的責任，研發團隊和職責將增加一倍以上。就在Steve沉浸於驚訝和滿足的思考時，公司主管很驚訝Steve的沉默，很快又說：「公司主管階層認為硬碟部門所有主管中，最需要留下來、不能離開的人就是你。你能不能夠同意帶領這支團隊，幫助公司度過創業以來最大的危機？」Steve馬上由沉思中回到現實，很快回答：「謝謝您和公司對我的信心，我十分樂意接受這份職務和挑戰。」

結束和主管一對一的面談，Steve回到辦公室，看看窗外，陽光普照的加州春天，真是漂亮和舒適的工作天。Steve想想自己的成長過程：從家庭背景、社會環境、求學經歷，再看看自己的能力和聰明才智，其實十分平凡，充其量也只是中上而已。究竟是什麼改變與潛能，讓一位在臺灣長大求學的平凡學生，可以在大部分由當地美國人掌握的領導管理階層環境中，一步步成長，最後衝破玻璃天花板❶，成為幾百億國際跨國公司最高領導階層的一份子呢？Steve的故事也許可以讓其他人借鏡——成功不需要特殊背景和能力，只要不斷努力、進步，發揮自己獨特的潛力，就能成功。

名人格言

If we all did the things we are capable of doing, we would literally astound ourselves.

如果我們做到自己力所能及的所有事情，我們會對自己的成就感到震驚。

發明大王愛迪生(Thomas Edison)

---

❶ 玻璃天花板指的是在有層級的團體中，對於某些群體（女性、少數族裔等）一種非明文規定的無形的晉升阻力，此阻力如同玻璃做的天花板，雖然看不到但是確實存在。

一、Steve的家庭背景

一九六一年，Steve在臺灣基隆出生，那是一個靠海的地方，當時稱為「流浪頭」❷。Steve的父母親都是臺灣南部縣市的農家子弟，生活十分困苦，為了使生活可以過得較充裕，於是隨著親朋好友一起到北部謀生。當時正值二次大戰結束，國民政府遷臺，民生物資十分缺乏，一般人民生活十分貧困。父母親結婚後，離鄉背井落腳到「流浪頭」，除了一家六口（父母加上四個小孩）的生活負擔外，還肩負著哥哥與其家人的責任。父親有兩個哥哥，大哥從小就受到小兒痲痺的折磨，二哥也因為小時候缺乏照顧受刺激，造成身體的缺陷，無法勝任工作、照顧家庭和子女。為了要維持基本的生活所需，父母親幾乎是什麼工作都做，只要可以賺錢，一年三百六十五天中，除了農曆年的幾天放假外，幾乎每天都在工作。從經營冰果店、開五金行、在海軍造船廠運廢料、廢物回收、清理垃圾、當碼頭工人等等，每一項工作都是相當辛苦而且重勞力。雖然經濟壓力如此

❷ 這是對基隆港西碼頭中華路、復旦路及中山三路一帶的稱呼，其名稱來源有以下兩種說法：一、因外地人常到此處工作而得名；二、基隆市境內的內木山產煤礦，當時開採後即利用高架纜車運送至此處，因此一般人俗稱為「流籠頭」。又流籠頭的臺語發音似「流浪頭」而得名。

之大、工作如此繁重，父母親卻很少抱怨，因為他們希望自己的小孩可以吃得飽穿得暖、受良好教育，將來可以出人頭地，不必像他們一樣做粗重且費力的工作。同時幫助自己兄弟的小孩可以維持日常生活所需、受教育，不必因為金錢壓力而放棄教育，或不得溫飽，受到別人的歧視。

回顧父母的努力和貢獻，為了照顧子女、親人犧牲自己，無怨無悔，數十年如一日。這種精神也正是創造臺灣經濟奇蹟和富裕生活的最大原因。臺灣在二次大戰後，滿地瘡痍，物資貧乏，許多父母親輩的臺灣同胞是吃地瓜簽、赤腳上學長大的。大部分人在小學尚未畢業就投入職場，在臺灣各行各業貢獻自己的力量。在這群前輩無怨無悔的全力貢獻下，臺灣才有今天豐衣足食的良好環境。這群人的工作熱忱和共生態度，應該是臺灣年輕人可以學習和借鏡的。

二、Steve的求學經歷

Steve就讀的小學是一所非常貧窮落後的國民小學。同學的家長大部分是海軍造船廠工人、碼頭工人，或是經營夜市小吃、經營市場攤販等。只有少數幾位家境較好同學的家長是擔任造船廠工程師、港務局公務員，或者海軍造船廠的軍官。大部分家長辛苦的工作，忙碌的賺錢，全心全力負擔家中的生活；大部分家庭居住在相當簡陋、違建的房屋，沒有自來水和路燈。家長很少有精力和時間去關心到子女的課業，課業和行為的督導完全交付於學校和老師。在當時社會中，老師有很大職責，但是老師素質卻也相當參差不齊。

Steve小學成績和學習能力不是十分出色，但求學和生活經驗卻是十分美好。Steve每天和同學一起上山捕蟬、看布袋戲、打球、玩遊戲或是到海邊游泳。在一到四年級的小學教育中，Steve的學習基本上是一片空白，連國語注音符號都不瞭解，造成日後學習中文以及其他語文很大的障礙；五至六年級的任課導師——蔡聰明老師則十分盡責，是一位優良教師。他不但盡心教育學生，更利用休閒時間帶大家到海邊游泳、郊外踏青、打棒球、排球，一起玩騎馬打仗，一王二王❸等遊戲，就像一個大家庭。

Steve本身是一位資才和功課平庸、高瘦型的小孩，很守規矩、聽話、有運動細胞，但沒有自信、總是模仿別人。在學校，總是隨著學校風雲人物，像排球和棒球校隊或是跟著高年級的學生屁股走，也非常羨慕班上功課名列前茅的同學；在家中，則模仿布袋

❸ 一王大於二王，二王大於三王。小孩子分成兩隊，每個人賦予不同官銜，遊戲的方式就像象棋一樣，只是棋子變成小孩子。二王碰到一王就被對方拘留，遊戲結果看何方剩下的人多。

戲人物和歌星唱歌方式。整體而言，在同學和老師眼中，Steve是一位平凡的小孩，沒有特殊才能、創造力，隨著大眾一起行動。

其實，在當時的臺灣教育環境與社會生活水準之下，Steve的小學教育是很典型的。除了少數百分之五家境較好的學生，大約百分之九十五的小學生，就是每天迷迷糊糊的跟著老師和同學一起走，不瞭解教育的重要性，也沒有升學的壓迫和催促。一切順其自然，每天過著無憂無慮的小學生活。

三、Steve潛力轉捩點

㈠林明德老師的啟發——Steve的機會一

在國民小學升到國民中學的暑假，為了準備國中英文課程的學習，父親和鄰居一起請了一位正在基隆海軍造船廠服兩年海軍預備軍官的家教——林明德老師。

以父親和鄰居的經濟狀況，並無法負擔和一般家教一樣的薪水，但林老師不但教學認真還只象徵性收了一些費用，並將所有費用都用在買英語教科書、帶Steve等人去看英語電影等等。就這樣，Steve和其他四位同年級的男同學，就在鄰居客廳中，一起接受兩個月非常密集的英文教育，從二十六個英文字母開始，到英文單字、句子和成語。兩個月的英文教育幫助Steve建立不錯的英文基礎。林老師說，他擔任家教的目的只是貢獻自己所學，幫助一些貧困好學的小孩打好英文的基礎。這位英文家教林老師，成為Steve人生中的第一位貴人和導師。林老師的教導不僅打好Steve國中英文的底子，幫助他奠定了日後求學的基礎，且不斷發掘他潛在的能力和自信心。

暑假後，Steve迷迷糊糊的開始了國民中學的階段，藉著林老師暑假打下優良的英文基礎，Steve在國中一年級升上二年級時，以優秀的英文和數學成績進入所謂的「實驗班」。這「實驗班」基本上是集合全校成績前百分之四～五的學生到這個班級，用最好的師資、最多的資源，準備在國中畢業後到臺北參加高中聯考。當時，父母親、Steve和周遭的鄰居對實驗班根本是一知半解，也不知道它代表什麼意義，只知道進入實驗班是一項很大的榮譽；而進入「實驗班」國中畢業後，可以到臺北考明星高中，接受最好的教育。

林明德老師暑假的英文家教，除了帶給Steve英文程度的加強，也提供進入「實驗班」的機會。如果當時沒有進入實驗班，就沒有今天的Steve。尤其在「實驗班」的經驗，和國中成績最優良同學一起競爭，Steve才逐漸發現自己有許多長處和才能等著去發揮，如對數學有特別的領悟力、可以寫一手好字、反應很快、有特殊記憶方式等。發現自己可以和成績最好最聰明的學生相抗衡，不論在數理、史地、英文、國文課程，只要Steve下定決心要成就的計劃就可以完成，得到不錯的成績。在「實驗班」求學經歷中，Steve一直保持在中上成績。Steve有能力成為成績頂尖的學生，可是自己個性急躁、恆心和耐力不足，像一隻兔子沒有辦法堅持到底。這兔子的個性是Steve的最大缺點，在關鍵的大考中總是在最後一段路程中被其他有恆心、耐性的「烏龜」個性的同學追趕過去。

(二)阿姨的鼓勵——Steve的機會二

國中畢業後，Steve跟著大家一起參加高中聯考，考上臺北高中聯考第四志願的公立高中，也考上第一和第二志願的工專學校。Steve並不瞭解工專和高中的差異性，以及它對日後求學和就業的影響。只是大部分鄰居都是高中生，所以跟著大家一起選擇成為高中生，而放棄五專教育。雖然不甚理想，卻也完成到臺北讀高中的志願。由於家中、鄰居很少有大學生，所以當Steve在唸高中一年級時，一直以為讀完高中教育就結束了，完全不瞭解高中之後，還有大學教育，更別提碩士和博士教育了。高中同學中除了少數從中南部學校畢業來到臺北讀書以外，大部分北部同學都是從小在富裕生活中長大，穿著、打扮、談吐、家庭背景屬於臺灣相對較富裕的都市家庭。頓時，Steve由於進入實驗班所建立的自信心，和發掘的自我長處及能力，完全被急於成為臺北潮流的一份子、刻意去融入新朋友圈圈所取代，每天憂慮自己弱不禁風的身體缺乏男子氣概，也十分在意自己笨拙的打扮，因此企圖改變自己，擁抱臺北這個花花世界。這些負面的看法不但淹沒了他的自信心和內在長處，更使他失去個人的目標和計劃。一個高中的青年，最怕的就是失去自我，跟隨潮流養成不良習慣，像抽菸喝酒等等，再加上一群狐群狗黨，整天虛度光陰浪費寶貴的青春。Steve當時的高中生活就是在這種沒有方向、目標、失去自我的日子中度過。

在高中生活中，成績一直是中等，功課只求六十分，沒有向上衝的決心，每天幾乎是混日子，不知道未來前途如何。直到有一天，有機會拜訪成功大學和住在臺南的阿姨，Steve才知道原來阿姨的兒子是成功大學工學院的畢業生。Steve第一次見到成功大學古老優美的建築，矗立於榕樹，青青草皮的美麗校園，這般美景實在令人嚮往。阿姨說：「只要你願意，你也可以成為一位大學生，自由自在的選課，享受大學教育。」當時，在Steve接觸的同學、鄰居、朋友中，大學生是稀有動物，從來都沒想過自己可以成為大學生。連父母也對Steve抱持懷疑，畢竟在他們的認知中，大學生是和品學兼優的好學生、只允許少數明星高中學生進入、和家境富裕人士的專利品劃上等號的，Steve從小就不屬於這少數優秀學生的一份子。

阿姨的一段話激發了Steve心中的向上力，頓時Steve心中燃起了一絲希望。Steve決定放棄追求臺北大城市的潮流，並將自己和臺北格格不入下產生自信心崩潰的問題，轉變成追求下一階段大學生教育的動力。Steve決定專注於大學聯考，將成功大學列為第一志願，因為父母親和親戚都在臺南，成大可以讓自己遠離都市，到純樸的農村環境去追求真實的自己。再一次的，Steve在阿姨的鼓勵下，發揮別人不相信，自己也一直忽略的潛力，正式成為大家羨慕的國立大學學生。

(三)女朋友Su的肯定——Steve的機會三

成功大學生活真是像天堂一樣，沒有人可以約束你的生活，上課自由選課，上課與否也是依自己的意願。大部分時間都在睡覺、吃飯、看電影、打球、郊遊、舞會等，對於年輕人來說是非常美好的。在這「由你玩四年」的年輕人天堂中，Steve再一次的迷失了，忘記了人生的目標和上大學的目的。糊里糊塗的過了三年，在大四的第一學期Steve第一次在大學生活中感到惶恐，因為畢業之後，就要面臨繼續升學或當兵、就業的選擇。這個時候，Steve人生的第三個機會出現了——Steve的女朋友Su。Su問Steve：「你畢業以後準備做什麼？」Steve回答：「考預官，退伍後，找一份好的工作，也許工作幾年以後，再回到學校讀碩士。」Su聽了就說：「你應該出國留學。你是國立大學畢業生，又是成大橄欖球隊隊員，你有好的教育、好的體格加上堅強意志力，為什麼志向這麼低？你應該到美國讀書，和全世界最好的人才一起競爭。」Steve心裡想：「我的英文程度這麼差，大學成績也都是低空飛過，我又不是一流人才，也沒有獨特的能力和才藝。出國留學和全世界人才一起競爭似乎是夢想，也太高估自己的能力了。」但是Su的態度卻非常堅定，她相信Steve有這份能力和潛力。

由於Su獨特的眼光和鼓勵，再次點燃Steve的自信心。為了完成出國留學的目標，Steve在大學四年級一年中，努力準備碩士和預官考試。但是人生總有不如預期的結果——Steve沒有被碩士班錄取，必須到軍中服砲兵役。但這碩士班考試的挫折後來卻演變為Steve人生中獲益最多的失敗經驗，對於未來個人的成功有很大的影響。

在服砲兵役的第一年，Steve捲土重來，考上臺大碩士班，並在兩年臺大碩士班期間，準備托福、GRE和所有出國留學的相關工作。在一九八七年的秋天，Steve和Su完成所定下的目標，一起搭乘美國聯合航空公司飛機來到猶他大學(University of Utah)。

在猶他大學三年的博士教育是一段美好的回憶。從不敢開口說英文、不習慣外國食物，到漸漸融入這多重種族，多元化的國家。由於臺大碩士班的課程訓練，加上博士論文受到臺灣清華大學萬其明教授的特別幫助和指導，Steve在二年半的期間，就修完所有課程和博士論文。在一九九〇年夏天，Steve戴上方帽子，完成博士學位。

㈣Dr. Joel Weiss的指點——Steve的機會四

一九九〇年年底，Steve完成了博士學位後，一家三口——Steve、Su以及一歲的女兒Jessica從猶他州的鹽湖城搬到了加州的矽谷聖荷西，開始了人生第一份職場工作。加州矽谷是全美、也是全世界的科技重鎮，是全世界半導體、網際網路的誕生地。在矽谷不但有極佳的居住環境，還有近乎完美的氣候。這完美的組合，吸引全世界最頂尖、最優秀的人才聚居在這裡。

Steve開始上班後，就像一般高科技工程師一樣，每天不眠不休，把所有的精力都用在工作上。每天所想到的就是如何把工作做好？如何能夠得到公司、主管的賞識？如何能夠加薪、升遷？如何能買房子、汽車和其他奢侈品？如何成為可以過著富裕生活的有錢人，遠離令人憂心的貧窮節儉的生活？

這些物質慾望和享受的追求，加上矽谷強大的工作壓力以及同事間激烈的競爭，Steve天天處在精神緊繃、時時憂慮的生活和工作環境。在初期的三到五年，Steve秉持橄欖球不放棄的精神，加上東方人勤勞和過人的努力，獲得不少賞識，薪水也增加了百分之百，職位從工程師變成經理階級。很快的過了五年、七年、十年，Steve的工作生涯十年如一日，沒有進步、也沒有改變，自信心開始消退，也開始懷疑自己的能力，隨著年齡的成長也憂心工作穩定性。Steve遇到工作和職位的瓶頸，每天生活在自己設下的框框，怎麼也衝不破這無形的障礙。久而久之，Steve心中開始相信自己現在的職位和工作成就大概是一生的極限，沒有什麼方法可以突破。Steve也像大部分人一樣，認為只要好好努力工作就不會被資遣；善盡職守，一直到公司不需要你，然後退休或者再到矽谷以外的地方謀其他職位。

一直到二〇〇四年Steve碰到第四個人生機會——喬爾魏斯(Joel Weiss)博士。喬爾是Steve的頂頭上司，希捷公司的副總經理。喬爾告訴Steve：「你是我在三十多年高科技工作經驗中，看過極少數具備有這麼多才能、特殊領導氣質、獨特工作態度和世界第一流的知識的高科技領導和管理人才。」喬爾說Steve有以下的特質：

- 極優良的科技能力和知識。
- 同時具有科技知識和領導的才能。
- 世界一流計劃執行和建立團隊的能力。
- 表現出很多領袖的特質。如以身作則、公正、無私、言行一致、充分授權、信任、有效率的溝通、充滿工作熱忱等。
- 有很正面和積極的態度。這不但可以從日常溝通方式感受到，從每日所表現出的行為和做事方式也可以感覺到。

所帶領的團隊最有效率。

喬爾接著又說：「Steve，你的職業和人生的前途是非常光明、沒有界限的。只要你下決心去做，你可完成任何目標。從我的觀察，你大概只用到百分之十所具備的能力而已。想想看，如果你能夠訓練和激發出其他百分之九十內在的能力和潛力，你不但可以完成個人和公司的所有目標，你也會對其他人和社會產生很大的影響和貢獻。」

喬爾的指點，更加鼓勵了Steve。Steve開始專注於自己的優點，改進自己缺點。每日學習如何使自己變得更好更進步。Steve開始相信自己，也鼓勵別人一起努力，決定將自己的前途和目標掌握在自己手上，用自己的努力完成它，而不是讓別人或者環境來決定。Steve努力改變人生方式，不斷發掘自己其他百分之九十尚未用到的能力。經由這一個人生觀念的轉變，Steve變成一位有自信心、有目標的人，準備幫助社會和貢獻自己的能力，在生活和工作態度有著百分之百正面積極作風，且不斷培養體能、心理、精神能力，努力成為一位名副其實成功、健康、快樂的高科技管理階層。

小結——成為下一個Steve！

Steve的故事應可以給予每個人很大的鼓勵。一位出生鄉下、沒有特殊社會背景、沒有特別技能，十分平庸的人，能經過不放棄的學習和貴人的相助與鼓勵，增進內在自信心，逐漸激發造物者所付予個人的潛力，在競爭最激烈的矽谷高科技企業成為少數華人高級管理人才。如果我們一起來觀察周遭的朋友、同學、親戚等，我們很容易發現有許多人，他們所具備的能力和天賦的潛能，和Steve相比，絕對是有過之而無不及。有些人也許還在懷疑自己、抱怨家世背景，或者在等待、期待生命中的貴人來幫助自己飛黃騰達；或者貴人就在眼前，有些人卻拒絕、不知道去接納；有些人也許仍對自己的能力沒有信心，情願就這樣過一輩子；也有人雖有滿腹理想，卻不敢踏出第一步，不敢面對可能遭遇挫折的壓力；也有人一生以宿命論來主導，一切天注定。

不管你現在是在生命中的哪一個階段，這本書是藉由Steve的故事來描述，每個人都有取之不盡的潛力，到處都有貴人幫助我們，每個人必須做的是隨時保持高度警覺，尋找生命中的貴人，接納貴人所指點的方向。同時，作者也提供多年來的學習經驗，探討成功人士如何由內心的改變變成行動，再由行動來改變自己，讓自己每天進步。並且，讓自己完全投入，一步一腳印的尋找和培養個人巨大的潛力和能力。五年、十年、二十年後，每個人回頭來看看自己人生的歷程，會很驚訝的發現自己可以完成這麼多大家認為不可能達到的成就。

第一篇

迎接挑戰、與眾不同

第一章　個人、企業和社會的挑戰

為何不是「你」出頭？認識你的挑戰!!

有此一說，如果所有華人科學家、研究員和工程人才決定全數離開美國，美國經濟和高科技產業將會一敗塗地！但為何在美國大企業中華人擔任最高領導階層的比例卻遠低於百分之一？

1.1 矽谷華人的挑戰

一九八七年我進入美國猶他大學博士班，當時美國的碩士和博士研究所中，約有百分之二十五來自中國大陸人、百分之二十五來自臺灣人、百分之二十來自印度人，百分之二十韓國人，其他百分之十來自本地美國人、歐洲和其他地區（圖1-1）。

大約有四萬名華人留學生，分別來自臺灣與中國大陸，這些留學生大部分都是臺灣與中國大陸的頂尖學生。他們來自各大名校，不但學業成績優秀，並在許多數學、理化、科展等大型競賽中名列前茅，許多人更是聯考、高考榜首，或者系上前三名畢業，華人留學生可以說是將當時臺灣和大陸最優秀人才同時聚集在美國校園裡。在每年的博士考試中，華人留學生多數也都以高分通過資格考試，大約有百分之九十通過考試，可以直接攻讀博士學位，其通過的比率較其他國家高出百分之三十～四十。他們不但成績優良、資質優越，許多人將實驗室當成家，一天在實驗室工作時間超過十五小時，加上工作認真、任勞任怨，因此大部分華人留學生成為受教授群喜愛並賦予重任的研究生。在這四萬名華人研究生中，每年將近有上萬人畢業，而在這上萬名畢業生中，百分之七十～八十選擇留在美國工作，大部分選擇工業界，尤其是高科技領域；其他人則選擇在大學、國家實驗室或相關研究機構任職。

◎圖1-1　一九八七年在美研究生之來源分配圖

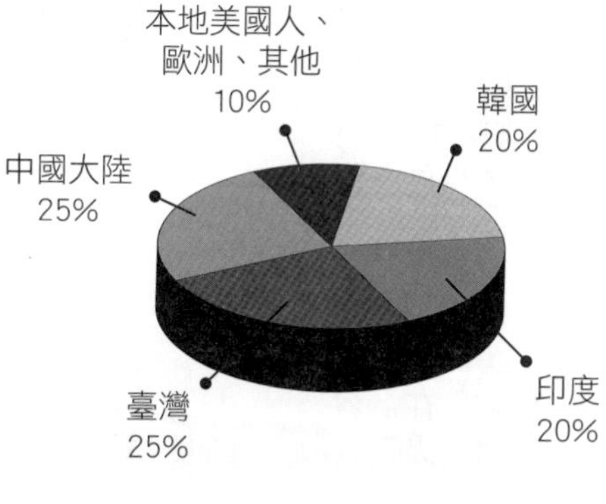

在美國的高科技領域中，華人研究所畢業生在高科技產業和學術研究所占比例大概是百分之二十～三十。有報導指出，如果所有華人科學家，研究員和工程人才決定全數離開美國，美國經濟和高科技產業將一敗塗地。這些華人研發和製程工程師可以說是精英中的精英。他們是從臺灣和中國大陸挑選出來，先經過最嚴格東方教育，再經過美國研究所教育訓練出來，每位都是成績優秀且受到教授欣賞和推薦的最佳人才。這些精英從求學到第一份工作等人生過程都是非常順利且成功，在矽谷高科技產業中聚集一群中華民族最優秀的科技人才；也是大家公認最有機會、最可能成功的華人高級人才。大家期待這一群華人人才將會主宰高科技產業，成為舉足輕重的領導階層，就像他們昔日主宰美國研究所，成為學校成績和研究成果的佼佼者。

·為何升遷的不是你？

然而十年以後，一起追蹤這一群最優秀的華人。回頭看看高科技產業為主的矽谷，我們會很驚訝的發現，大部分的華人是自己創業或是任職於華人所擁有的企業中，在美國大企業中擔任最高領導階層（副總經理以上）的華人可能遠低於百分之一。反觀歐洲人、中東人，尤其是伊朗人、印度人這批曾經是華人留學生在大學、研究所學習的手下敗將，這些科技人才在科技公司所占的比率遠低於華人的人數，在高科技產業中最高領導階層的比率卻非常高。這些來自美國以外科技人才成功的站上高領導階級表示並非只有本地美國人可以出人頭地、成為高領導階層，有能力對公司多貢獻的人才，就有升遷機會，升遷和工作職責不會和私人關係連接在一起，沒有種族、性別或者文化等等的歧視。美國企業的升遷管道相當的透明，沒有送紅包走後門的情況，也沒有其他不合乎社會道德的行為。尤其是加州矽谷，是一個非常開放和公平的競爭場合。

·競爭力消失了嗎？

這些華人曾經是臺灣、中國大陸，美國大學與研究所中最高級人才，為什麼到了職場頓時失去了能力和競爭力呢？這一群昔日閃亮的明日之星，為什麼會在加州矽谷這麼好的環境漸漸失去光芒？他們還是擁有一樣的聰明才智，還是一樣任勞任怨、認真工作。究竟是什麼理由令他們在高科技公司最高領導階層缺席？如果我們詳細的分析原因，問題的癥結點將很快的浮現出來。

·華人的優缺點

大部分的華人具備有以下優點：

- 聰明、受過良好教育，極佳的解決工程問題的能力。
- 合群、工作勤勞，而且任勞任怨。甚至許多人以工作場合為家。工作就是一切。

- 所有負責的任務，都會盡全力完成。

但也有以下的缺點：

- 欠缺溝通能力，通常不善於表達自己的意見，也不勇於提出不同見解，總是成為無聲的一群。認為沉默是金，心中卻抱怨別人的不公平待遇。這些不正常情緒，總是隱藏在心中，不擅於和他人溝通及分享。
- 欠缺多團隊協調能力，不擅於爭取成為多團隊的領導者。從小被訓練成讀書和考試的機器，卻忽略和缺乏協調能力的培養，沒有協調能力，即使有最好的專業能力，也無法成為領導者。
- 缺乏處理人事的能力，加上拘束個人的內向態度，不擅於表達自己的情感，不擅於和別人建立人際關係。公司團隊中，人是主要的組成，一位主管必須外向、活潑、有良好的人際關係，也有一套管理和處理人事的能力。
- 欠缺領導人的特質也不勇於爭取領導和管理團隊。成為高領導階層，必須有領導和管理能力。在華人教育和訓練中，領導技能的培養一片空白，因此一位名列前茅的學生，出社會後，因為缺乏領導和管理能力，也不會插手、或者爭取其他職責和工作，變成聽命其他在校成績平凡，但可以領導的外國科技人。

另外有一個現象，也是造成華人失去在企業中占有領導地位的重大原因——華人很喜歡搞小圈圈，有自己的團體，只和自己同文化、同語言的人士一起交談、吃飯、社交等。這種小圈圈的行為在華人生活中非常自然，也是華人文化的一部分。可是如果用於多元化的美國高科技公司就成為領導和管理上的問題，間接的造成其他非華人的誤解。上列所謂華人的缺點，正是大部分人對華人的評論和觀感。

．需要領導和管理人才不能找華人工程師？

在矽谷，幾乎所有高科技公司的人事部門和領導階層對於華人工程師的經常評論就是：「做事、完成計劃找華人工程師；需要領導和管理人才找非華人工程師。」

對所有華人而言，上述的缺點和挑戰是一個很不幸且悲哀的事實，但這事實並非一成不變，是可以改變的。這些所謂華人的缺點也不是與生俱來的，是我們自己的選擇。我們也可以選擇除去這悲哀的事實、管理和改變這些缺點，不讓這些缺點成為在職場競爭和成功的絆腳石。相反的，改變這些別人眼光中華人的短處，成為在職場成功的長處。

想想看，如果數學、理化、科學那麼複雜的方程式都可以解決，那麼增進溝通能力，培養多團隊協調能力和領導、管理團隊和個人，又有什麼難的？重要的是，我們必須瞭解自己需要改變、可以改變、是有能力改變的。改變這些缺點，把焦點放在自己身上，靠著不斷學習，一步一步的除去對於自己缺點的恐懼感，漸漸增進自己能力，很快地這些缺點就不會再是缺點，反而會成為工作上的利器。只要個人堅持這種改變，勇敢的承認和面對缺點並改變它，成功將操之在己，不再被刻板的華人缺點所侷限。

名人格言

The opportunities will be presenting to you in the future. The question is that are you ready when opportunities present to you?

每個人在未來職場中都有屬於自己的機會。成功的道理是當機會呈現在面前時，你準備好了嗎？

希捷研發副總經理黃國興(Steve Hwang)

1.2 企業和個人的挑戰

如果我們回顧人類的發展史，人類經過像圖1–2所繪的五個不同階段的歷程圖。

它涵蓋了狩獵時代、農業時代、工業時代、知識時代，和未來我們將面對的智慧時代。這五個時代中愈是古老的時代歷時愈久，狩獵時代包含幾千年到萬年的人類歷史；農業時代也有一～兩千年的時間；到了工業時代，大概只有一百年的光陰；知識時代，現在推測大概只有三十～四十年。人類和社會學家則預測智慧時代將在二〇二〇年來臨。這種高速進展印證共同論點所言，近代社會的進步，現在的五年勝過農業時代千年、百年的演變。

◎圖1–2　人類社會發展歷程圖

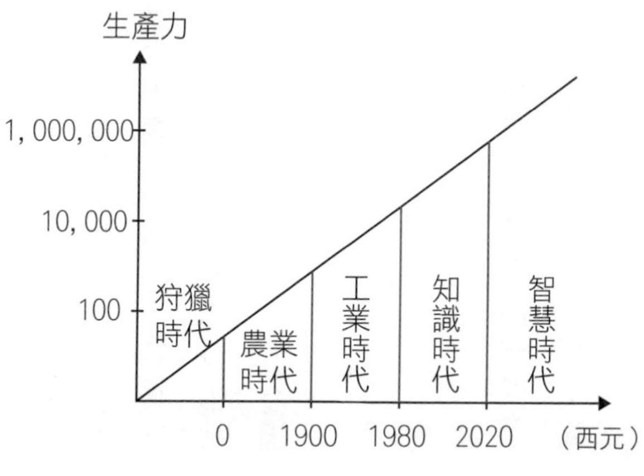

一、狩獵時代

從人類社會發展歷程圖中我們可以看到每進入下一個時代，生產力就會比上個世紀多出一百倍。在狩獵時代，人類過的是狩獵的遊牧民族方式，主要的生產力是靠狩獵來取得食物，最佳的生產的方式為擁有好的弓箭、好的射手，再加上強健的體格可以追捕動物、掠殺成為食物。因此，年輕、有經驗、體格強壯、有製造弓箭手藝的人成為狩獵時代的最佳資產，這些人是部落的領導者，掌握所有食物和分配食物的權力。

二、農業時代

到了農業時代，生活型態產生巨大的變化，人們開始由遊牧變成群聚在一起的部落，在農業時代最有生產力的個人是懂得如何選擇最佳農作物，瞭解農作物成長的過程，配合對自然和環境的瞭解；狩獵時代與農業時代代表生產力所需要的技能和知識完全不同，因此在狩獵時代掌握食物分配、最有權力的人，在農業時代完全被新的農業專家所取代。

三、工業時代

在西元一九〇〇年後，人類的進化又產生另一階段激烈的變化。人類正式進入以機械為資產的工業時代，隨著蒸汽機的發明，人類利用蒸汽、燃料和發動機原理，發明許多大型機械，這些大型機械開始取代人工，不僅大大提高生產力，而且可以供應每天二十四小時不休息的工作要求。由於這些大型機械普遍的採用，人類的生產力比起農業時代又增加了一百倍以上。

在工業時代，生產力的增加主要來自於工業機械，這些工業機械取代大部分人工。在農業時代，農事所需要的大量人力都被機械所取代。昔日在農業時代有生產力，懂得農作物、土地、耕作的人，到了工業時代，如果無法取得新的技能，很快就會被取代掉。在工業時代，所需要的人力非常少，除了少數維修機械的人力外，大部分人力都是用來操作機械，用最少的人力，最大、最多的機械去產生最大效能和生產力，這就是工業時代主要的口號和企業經營的方針。因此，在工業時代，人力是廉價的機器；用來啟動、維護和操作掌握生產力的主要資源，就是占滿廠房的機器。在這個時代，聞名的企業像福特汽車(Ford Motor Company)、美國鋼鐵公司(United States Steel Corporation)、美國太平洋鐵路(Union Pacific Railroad)等，這些成功企業就是善用大型機械，在最短時間內生產最多、成本最低的產品。

四、知識時代

在一九八〇年後，由於電子技術和電腦的興起，加上網際網路的發展和普及，人類歷史又進入另一個階段，稱為知識時代。在這個時代，經由電子媒體和網際網路的溝通，人類之間的距離縮短了，地球也漸漸變平了。以前需要數月、數日去溝通信息，現在只要手指輕輕一按"Enter"鍵，就可以在幾秒內完成了。這個時代，機器不是最重要資產，也不是掌握生產力的主因，個人的知識才是這個時代的主宰者，每個人可以用一臺電腦，建立自己的網站，和別人分享信息。個人使用網際網路作為主宰這個時代的工具，用自己的知識和創造力，可以接觸和連接全球所有知識和信息；可以用來創業、成立自己夢想的事業，也可以吸引其他志同道合人士來加入自己的計劃；更可以和別人分享自己的理想和創作，從彼此信息交換中，整日不停的學習和腦力激盪，這種以個人知識為基礎藉由網際網路所築成的平臺，結合成全球知識累積所產生的加乘效應，不是乘上千百倍可以計算的，它增進的生產力是無法估計的。

在知識時代，所有人類和企業的生產力由機械又轉回個人。有知識和創造能力的個人可以用自己網站去影響政治、經濟和社會。它的影響程度不僅是個人或者區域性，甚至可以擴大到整個國家或全世界。昔日只有少數有影響力、位高權重的人士可以完成的事，現在每一個人都有機會，藉由電腦、網際網路去消費、溝通、社交、影響他人。在這個時代，能夠聘用優秀人才並瞭解優秀人才重要性的企業，才有機會成為家喻戶曉的公司。像蘋果和Google這兩間典型的公司，他們的公司總部幾乎沒有製造機器，也沒有龐大的廠房去安裝這些機器，但這兩間公司的總部，卻安排了最好的環境去吸引和激發全世界最好的研發和創造人才。這群高知識的人才是知識時代最有生產力的主宰者。他們應用知識去創造、增加生產力，他們的生產力超越了最大、最好機械的幾百倍、幾千倍，甚至幾萬倍。

五、智慧時代

知識時代以後，人類將進入什麼時代？誰將主宰這個時代的最大生產力？答案是智慧時代將取代知識時代。在智慧時代個人的智慧是這個時代的主宰者，也是最大的生產力。這智慧包括了個人的智能(mentality)，也包括了情感能力(emotional quotient, EQ)和精神能力(spiritual intelligence)。一個最有生產力的個人是擁有豐富的個人知識、配上堅強的感情知識，再加上不會迷航的精神知識。這三種知識的結合主宰人類二十一世紀以後的智慧時代。

也就是說，生活於二十一世紀，面對知識和智慧人類時代，所有企業競爭和成敗的關鍵將決定於個人。企業如何成功取決於如何吸引和發揮所有人才的知識和智慧能力，擁有最有智慧的員工。相反的，如果企業只具備傳統工業時代的經營方式，定位機械和廠房是公司最重要的資產(asset)，個人則視為負擔和費用，用命令、恐懼和控制的方式管理員工，增加生產力的方式是以金錢和職位來鼓勵、來激發員工的向上心。這種舊思維、舊時代的企業經營方式將在二十一世紀消失殆盡。就像最好的狩獵者在農業時代完全消失。最好的農夫也在工業時代被機械取代了。在工業時代，那些靠機器廠房而忽略個人知識和智慧的企業和公司，也將被以知識和智慧為經營理念的公司完全取代。因此，在全球企業改造，成為二十一世紀成功的世界級公司，成功與否將取決於員工的能力和智慧。最好的企業必須能夠改造去吸引最有能力、智慧的員工、提供最佳的工作環境，讓這些員工可以完全貢獻、創造無比的價值，回饋給企業和社會，並且對國家生活水平產生極大正面的影響。

名人格言

It's not the strongest of the species that survives, nor the most intelligent that survives. It is the one that is most adaptable to change.

成功存活下來的種，不是最強壯，也不是最聰明，最有智力的。而是對變化的環境最有適應力的。

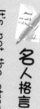

進化論創始者達爾文(Charles Darwin)

1.3 現代企業的問題

以下是一份為美國企業所做的員工問卷調查(employee survey)。這份員工問卷調查是由專業的外包問卷調查公司，對所有員工做不記名的問卷調查。由於不記名，而且參與企業、公司和員工的數目相當龐大。因此，可以很真實的反映出員工對個人和公司的真正聲音。這種員工調查充分反映出員工對企業的經營理念、管理方式、個人專注力和滿意程度，因此，成為美國大企業每二～三年重大的調查工作，可作為企業經營方針和改進的參考。

全美國企業的調查結果是：

- 只有百分之四十的人瞭解其所在部門做了哪些事，完成哪些任務，以及為什麼需要完成那些任務。
- 只有百分之二十的人認為公司提供開放，互相尊重的溝通環境，發掘更好的意見和想法去改進工作的效率。
- 只有百分之二十的人相信其所在部門和公司。
- 只有百分之十五的人認為其所在部門善用他們的能力去執行團隊的目標。
- 只有百分之十五的人對其他部門有高度信任和合作的關係。
- 只有百分之十的人認為其所在部門有一套好的責任和評鑑制度。

·這是贏球的團隊嗎？

這項調查結果如果用十五個人的橄欖球隊來做比喻的話，表示至少有九個人（百分之六十）不清楚自己在球場上是要做什麼，不知道達陣地點是哪裡，甚至根本忘記了比賽時間；只有三個人（百分之二十）會和自己的球員合作，其他十二個人比較相信對手的球員；只有二個人（百分之十五）覺得自己是被放在對的戰略位置，其他十三個人都是在錯誤的位置；有十三個人（百分之八十五）覺得教練指導的戰術沒有獲勝的機會；有十四個人（百分之九十）認為球隊不可能贏球。

想想看，如果一支橄欖球隊是由這麼一群完全沒有衝力、沒有信任、不知對手是誰、目標在哪裡、為什麼比賽的球員組合而成，基本上，你會說這種球隊根本不可能贏球，也不可能存在，很快就會解散，然後消失得無影無蹤。也許，你會說根本不可能有這種球隊、或者公司團隊存在現實世界中。可是事實上在現代企業中，絕大部分職員卻是屬於這群完全對自己失去信心、良心，放棄使用自己能力和潛力的人。許多企業雖然瞭解在知識和智慧的時代，個人是決定企業成功的主要因素，但是企業領導人卻無法規劃出一套制度去吸引和教育員工，讓每個人歡欣的貢獻自己，不斷的學習和進步，發揮個人能力，才能為企業目標一起努力，打造一個更美好的明天。

名人格言

子曰：「道千乘之國，敬事而信，節用而愛人，使民以時。」

管理千輛戰馬的國家，必須認真做事，守信用，並且節流開支，愛護人民，必須因才而用，因時機而用。

孔子《論語．學而篇》

1.4 華人企業的問題

．危機即轉機

這一類的員工問卷調查如果拿來調查臺灣和中國企業的員工，我可以猜想，結果可能更慘不忍睹。美國企業在經過這麼多年刻意的經營，應用許多最現代化的領導和管理理論及執行方式，在這個對個人權利尊重的西方文化薰陶下，企業花費這麼多經費和規劃這麼多訓練的同時，卻還是得到這樣的結果是令人十分驚訝的。

悲觀一點的思考，或許你會認為這些經費跟訓練是不必要的，結果如此的不堪，何必要有這些花費呢？換個角度，如果這些企業不支出經費與不規劃訓練，它們的生產力會低落到什麼樣的狀態？

縱使目前的結果不如人意，這是一個事實，是企業的危機，但也是轉機和難得的機會。因為如果企業可以改進這些問題，改造企業文化、環境、教育、訓練，讓每個人可以充分發揮能力、知識和智慧，那麼企業執行能力和成果將以十倍、百倍或者千倍來增加，這種整體的改變，不僅限於企業本身，包括員工個人和所接觸的大眾和社會，也會因此而受惠，彼此一起合作、共勉去開創一個快樂大家贏的局面。

經過三十多年來，經濟快速的成長，臺灣和中國大陸造就許多的大企業，這些企業紛紛成為國際大廠，營業額十億美元以上的企業比比皆是。但是，如果從企業生產力分析來看，這些所謂國際跨國公司，包括傳統和高科技公司，其實產業結構和生產力仍然較類似於工業型的產業，工業型的產業主要競爭利益和生產力是機器、儀器和產廠的投資。

名人格言

When written in Chinese, the word "crisis" is composed of two characters; one represents danger, and the other represents opportunity.

在中文表示中，危機由兩個字組成，分別是危險與機會。

美國前總統甘迺迪(John F. Kennedy)

・以為機器勝過優質人力

看看臺灣和中國大陸對半導體的投資在十二吋晶圓廠上，動輒數十億美元是非常平常，經常是超過上百億的投資。這幾年來臺灣在液晶面板的投資，隨著七代廠、八代廠的發展，其規模也不下半導體。其他代工電子產品的企業，基本經營產業的方式也是一致的。這種大手筆的投資方式，是其他歐美日等先進國家都難以匹敵。但反觀人力資源，在整個企業的結構和管理上，人才和人力是次等的，並不視為最重要的資產。在人才、人力的經營理念是「俗又大碗」就好。

在臺灣的同學告訴我，臺灣最先進的科技公司，IT工程師的學歷是國立大學資訊系畢業，這種人才資源的管理真是浪費人才。一項IT的工作，在國外用的是專科或者高中畢業，再加上一～二年IT專門訓練。反觀之，華人企業在人才的培育和訓練上更是相當的表面和膚淺，人員流動性十分的高，職員和公司的信任和關係是建立在薪水和職位兩項因素上。企業不尊重員工智慧和知識，員工不信任企業的文化和經營理念，這產業結構也反映在培育新興產業與技術的制度上。

·有錢的是老大？

在臺灣和中國大陸，有錢、出錢的人就是老闆，智慧財產權、人才智慧與知識則視為次等，對人才專業領導和管理的技能不加以重視。不管是再好的想法、再先進的技術、再優良的企業領導人才，如果有個人勇於推出新的產品理念和企劃，個人卻還是必須聽從出錢老闆的指示。在企業中最重要的是金錢，而不是知識和智慧。這也就是臺灣和中國大陸的企業，只能夠模仿美國先進企業之故，像知名網站百度(Baidu)模仿Google、阿里巴巴模仿Amazon.com與eBay，或者成為先進高科技公司的產品製造者，像替Apple、

Dell、HP等等製造iPod、iPhone、電腦、電子產品等。到目前為止，雖然臺灣在電子業上掌握許多世界第一的產業，中國的企業和經濟，也在世界上舉足輕重，卻還沒有領導世界潮流品牌的華人企業出現。

．老大換人做

臺灣和大陸企業的負責人必須深切體認到，人才、知識和智慧才是企業最重要的資產。企業如果想要改造，則必須吸引到最好的人才，訓練並培育他，才可激發出每個人的潛在能力和智慧；尊重智慧財產權，才可以成為永續經營的產業。否則，可以預見的是，在二十一世紀，大部分臺灣和中國大陸的企業將面對其他發展中國家的挑戰，如越南、印度、南美洲與東歐各國利用廉價勞工、大量的儀器和廠房的投資方式，以工業化產業的經營方式、增加生產力、降低成本和壓低售價，最後將取代現今臺灣和中國大陸的大部分企業。這種潮流和趨勢是無法避免的，就像人類歷史知識時代取代工業時代的過程一樣。因此，唯一的生存之道是所有華人企業必須將員工的能力和智慧，學習和發展成企業未來的競爭武器。

1.5 現代社會的問題

・「M」型社會的影響

經濟發展提昇人民生活水準，也創造社會的財富。隨著經濟的成長和財富的增加，社會和個人的問題也接踵而來，最嚴重的問題是貧富不均的加深，造成所謂兩極化「M」型的社會結構。在「M」的一端，快速的經濟成長，成就一群高收入、高所得的階層，正是所謂「千萬富豪」、「億萬富豪」，這一新階層的寵兒由於財富的增加，為了增進生活的享樂，開始縱欲養成無法控制的享受習慣。每日追求世俗的價值觀，有錢人什麼都比，比外表、比裝飾、比房子大小、比較消費價錢高低、爭名牌、吃大餐。經常以外在物質的享受來表現自己的能力、地位和財勢。但這群新興的富豪階層卻缺乏自我要求和良心的準繩，因此產生了許多偏差的行為，像收賄、內部交易、違法交易、出入聲色場所、從事非法事業等違背社會秩序的行為層出不窮。這一群人雖然有了財富卻失去了自我，也買不到快樂。由於終日沉醉追求物質、名利和權位，這群經濟奇蹟的受益者卻成為最大的受害者。情節輕微幸運者弄得身敗名裂、失去家庭、朋友和所擁有的一切物質享受；重則不但失去所擁有的一切，還官司訴訟纏身、身陷囹圄，有些人甚至選擇走上絕途。曾經風光一時，而後如此落魄是大眾所無法預料到的結果。

名人格言

持而盈之，不若其以，揣而銳之，不可長保，金玉滿堂，莫之能守，富貴而驕，自遺其咎，功成，名遂，身退，天之道。

不停的倒滿杯子，就會過滿而流出，過分磨利刀子就會變鈍。金錢財富，是無法永遠保有，權力富貴使人驕傲，會造成身敗名裂。在功成名就後，就引退自己，才是君子之道。

老子《道德經》

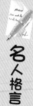

在「M」型社會的另一端，則是另一個不同的階層。這一個為數龐大的階層，不但沒有從經濟成長帶來的好處中受益，反而成為最大受害者。他們成為「M」型社會的犧牲者，每日辛苦工作，但所賺的錢永遠趕不上日漸上漲的物價。承受經濟發展所帶來嚴重的金錢負擔。雖然個人謹守本分、辛勞工作、堅守崗位，卻整天為生活辛勞，也無法享受社會水平成長所帶來物質和精神生活的改善。

更悲哀的是，這一群人在現今以金錢和地位為準則的社會觀點中，被標籤成失敗者，被視為能力不足也不值得尊敬的一群。當自己被標上失敗者、能力不足者，在社會及工作上被歧視、不受尊重，漸漸的自己也失去了信心，也甘心的淪落於他人對自己的評斷。因此自暴自棄，不再相信自己，也不相信別人。

・為自己做決定

這「M」型社會問題，不是更高經濟成長或更大財富累積可以解決的，也不是政府政策和管理可以改變的。這是威脅到整個現代社會和人民的生存和成長的問題，我們必須面對它。作者個人認為解決現代社會「M」型問題的最好方式是好好發揮造物者所賦予個人的特殊能力，決定用自己的能力去改變現況，不受限別人和社會的觀感。也就是相信自己的能力，從自己開始，然後再影響到別人以及整個社會。這正是我寫這本書的主要目的，正是我要和大家分享的主要論點。

名人格言

The difference between what we are doing and we're capable of doing would solve most of the world's problem.

如果比較個人所做的事，和所賦予個人能力可以完成的事，這差異可以解決世界上大部分的問題。

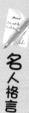

印度聖人甘地(Gandhi)

小結——準備好迎接挑戰了嗎？

不管你屬於哪一個階層，每個人都有屬於自己的獨特挑戰和問題。作者認為每個人從出生以來，都被賦予不同、強、大、特殊的能力。每個人都有力量去培養、發揮屬於個人的特殊能力，更進一步藉由不斷的努力將屬於個人龐大的能力發展出來。只要每個人一起來做，那麼不論你是屬於哪一階段的人類，我們都可以過著成功，健康和快樂的人生。

每個人不分東西南北都是地球的一部分，也是地球的過客。我們所能提供最大的貢獻是給予未來人類比現在更美好的未來。這是我們的挑戰，也是我們的機會。下一章，我們會討論如何轉變這挑戰成為機會。

第二章　個人的選擇、信念和成功關鍵

信念可以帶來改變？信念可以帶來巨變!!

一九五〇年間日本貨還是劣質品的象徵，何以三十年後，世界概念倒轉，日本品牌代表著高品質。這中間變化的祕密到底是什麼？

2.1 華人面對挑戰的十種類型

在第一章描述了個人、企業和社會所面對的挑戰、危機和衍生而來的問題。在第二章主要探討挑戰、危機和背後所隱藏的機會，以及如何經由個人的選擇、信念，將問題和挑戰轉變成機會和成功。首先，談談解決問題的辦法在哪裡，是什麼呢？本書所用的例子和處理方式是以華人背景和華人社會為主。作者從個人觀察和學習，歸納出華人在面對第一章所描述的問題和挑戰所用的處理方式，基本上可以分成以下十種不同類型。每個人有不同處理方式，有些人只專用一種方式，許多人可能綜合六～七種方式，不同處理方式產生很多差異。

一、宿命論

這是最普遍且大家常用的解決方式——是將所有的問題和答案都歸於上天、上帝、菩薩、耶穌、阿拉和命運等，而自己不做任何事。基本上，就是相信一個人的命是天注定，事情的結果也是天注定，個人沒有能力改變。由於文化、風俗、習慣等因素使然，宿命論的影響力在華人社會中比在西方社會中來得大，這種宿命思考方式更深植於每個人內心中，非常不易改變。

還記得小時候長輩總是用《農民曆》中的命運兩數來預測兒孫未來的命運、身分和地位。命運兩數是根據出生時間、日期及年代換算出所謂的八字重量，如果加起來是七兩以上，就是古代帝王身分；五～六兩就是王公貴族；四～五兩則是士大夫；四兩以下則是一般平民；三兩之下就是奴役之類。當長輩算出我的八字重為三兩六的時候都十分失望，因為這表示我必須勞碌的過一生，沒有機會成為士大夫，或居要職。除了八字重量外，宿命論也常以面相來定一生，像耳垂不大、不重沒有福氣；人中不長則壽命短；斷掌女孩剋夫等。因為我的外型就是高瘦，耳垂較小，印堂也不飽滿，再加上三兩六的八字重，所以從小親戚、朋友、父母，甚至連自己都不相信自己有勝人和成功的能力，可以在高度競爭的環境下出人頭地。這個困縛華人社會的宿命論也幾乎抹殺了我的機會。

在現代華人社會中，太多的人相信宿命，相信天注定，而不相信自己的能力和選擇。即使面對許多不公平、不健康的環境和挑戰，卻選擇沉默、無所作為、聽其自然，寧可操之在其他人之手和控制之下。久而久之，就消極的度過珍貴的人生。

名人格言

A consistent man believes in destiny, a capricious man in chance.

不變的人相信目的，善變的人相信命運。

十九世紀英國政治家狄斯雷利(Benjamin Disraeli)

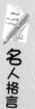

二、等待英雄論

很多人認為挑戰的答案和解決方案是有頭有臉、做高官、坐大位的經理、總經理、董事長這些大人物必須負責。在企業中，從董事會、領導階層到一般員工都祈禱出現一位如英雄般的執行長，這位執行長會將大家引領到快樂、賺錢、不斷成長的工作和生活。同樣的，在國家社會中大家冀望出現一位如英雄般的地方首長、委員、部長甚至總統。

其實，大人物不是英雄，他們跟大家一樣是平凡人，只不過在民主社會中，選票給予他們權力、地位和機會。我們不需要成為有名聲、有地位的人以後才能成為解決問題的英雄，每個人隨時都可以選擇和改變自己，面對挑戰把握時機成為自己和別人的英雄。美國前總統甘迺迪(John F. Kennedy)被稱為是二次大戰中的英雄。他在二次大戰的一次戰鬥中，不但讓自己生存下來，而且幫助戰友保住性命。大家稱甘迺迪為二次大戰英雄，但他卻回應：「敵人把我們的戰艦打沉了，我只是做了我自己該做的事。」

甚至也有許多個人將問題寄託於親友。現代許多年輕人靠年老父母提供金援和生活輔助，自己完全不努力。這種類型的個人也是屬於最不求上進的第二類型個人。

三、空談理論型

另外有一批華人在面對挑戰時，是以每日空談理論沒有行動的方式回應。這一批人通常是學術專家、政府要員、地方首長、民選委員、政黨要員、政黨政策機構，每天在電視政論、新聞節目大談理論，辯論解決方式，有時候還加上自己的政治色彩和自身利益，用自己的理論和影響力企圖去改變政府的政策和人民所面對的挑戰。這一批人也許出發點是基於關心，但是所提出的解決方式只是像畫餅充飢般沒有用處，大多數的討論成為空談或口水橫飛的爭執而已。這空談理論在選舉期間尤其盛行，候選人大開支票，從照顧弱勢族群、賦稅措施、公共設施、社會福利、國民年金、消弭貧富不均、解決單親家庭問題、青少年問題。在選舉期間為了當選，立毒誓下承諾，每個候選人都成了社會未來解決問題的超人(Superman)和英雄。可惜的是，選舉的承諾和政見有的是短時間操作的政見，不會產生根本上的改變；有的是選舉花招，根本沒有誠意去完成的承諾。

由於網路和新聞媒體發達，這一類型的個人已經從以往只是某些重要社會人物，像森林野火一樣，快速散播到社會各階層的人物。許多人藉由媒體發表言論，紙上談兵。在紙上、嘴巴中，什麼解決之道都有。但是，在實際上卻是空談，對於解決個人、企業和社會的問題及挑戰一無用處。

名人格言

You can preach a better sermon with your life than with your lips.

想要傳授更好的訓誡，以身作則比口頭教訓更有用。

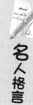

十八世紀愛爾蘭作家奧利弗高爾斯密(Oliver Goldsmith)

四、找藉口型

這種類型的人，共同的處理方式為找藉口推諉責任，掩飾失敗。在社會中，政府對經濟問題，藉口國際經濟情況不佳；對家庭問題，藉口單親家庭的增加；青少年犯罪問題，藉口網路、新聞媒體、外國不良風氣的侵犯；在企業上，則藉口低成本地區削價的競爭、原料與薪資的高漲、員工不忠誠且缺乏對公司的承諾；個人則以自己英文能力不佳、體能狀況不好、教育程度不高、表達能力不良等，總是為無法解決問題找藉口。這種找藉口型，是最普遍的處理方式，因為個人完全不需要付出任何的努力，所有的問題都可以用藉口來掩飾。藉口愈多，個人的責任和努力就愈少。結果是個人愈向下沉淪，不可自拔。

這找藉口型最典型的例子，是在美國華人世界所謂的「玻璃天花板」的藉口。在美國企業和高科技產業中，華人總是以「玻璃天花板」來解釋為什麼只有極少數的華人成為高級領導階層。由於這個藉口，許多華人完全忽略了無法晉升到領導階層是因為欠缺英文、協調、溝通、領導等能力，而不是因為「玻璃天花板」這個無形的障礙，大部分人以「玻璃天花板」這藉口來掩飾自己的無能和缺欠競爭力。個人要進步必須停止找藉口，轉變找藉口到專注於自己的改變和努力。

名人格言

Don't find fault, find a remedy.

不要只會挑錯，而是找出解決方案。

美國福特汽車公司創辦人亨利福特(Henry Ford)

五、歸咎他人型

這也是非常普遍的處理方式，把自己的失敗都歸咎於他人，絕對不是自己的責任。在臺灣，朝野互相歸咎於對方、推託責任；行政院指出立法院的問題，立法院說是行政院出問題；在企業中，企業指責政府無能，職員指責老闆貪財、擁權、無能；老闆指責員工偷懶、不忠心；子女埋怨父母沒有好好栽培、沒有提供充足的金錢去過好的生活，父母指責小孩不求上進、盲目追求流行，對父母、長輩無禮、不聞不問。總而言之，這一類處理問題的方式，是認為自己是最好的，不需要改進求進步，一切問題都是在別人的身上。

近年來，這一類型在臺灣社會是非常典型的。從黨派、民意代表、政府官員，甚至到電視、廣播節目。最特別的例子是當臺灣有燒炭自殺、重大槍擊、社會治安問題和美國進口牛肉，甚至到經濟、產業智慧財產權問題，許多人總認為絕對是別人、其他國家的錯，自己一定是對的，從不去檢討、改進問題。這種指責他人錯誤來掩飾自己的問題的作法，不但解決不了問題，而且會造成不必要的對立和衝突，結果成為兩敗俱傷，全盤皆輸的結局。

六、同流合汙型

有些問題及挑戰應該以正當的管道解決，例如本該制止別人獲取不應得的利益，但是這類型的人非但不制止，反而只朝利益看齊。許多人在面對現代社會採取你拿我也拿，不拿白不拿的同流合汙方式。看看現代的社會，高位者利用職權變更計劃圖利他人，收取鉅額金錢。企業主管、政府官員則私自相授、炒作股票、資金，大發不義之財。在勞動、服務階層也索回扣、要紅包才做事，年輕人也有樣學樣，走短路向錢看齊。最有名的例子是在大陸上海總書記貪汙所顯現出糜爛奢侈，和不正當色情交易的亂象，以及在臺灣很多名人做股票、內線交易、工程索回扣、要求色情招待；民意代表收紅包、包工程，甚至連海巡官員、醫生、警察也都參上一腳。

這同流合汙的問題，正侵蝕華人社會的根基，如果不及時更正這些惡習，社會和經濟的地基很快就會被這群人挖空，到時整個社會和國家就癱倒下來，從此一蹶不振。

七、不聞不問型

很遺憾的這一類型的人正快速的增加，漸漸成了社會主流。更令人擔心的是第七類型大部分屬中上資產階層，是國家和社會的精英。這些精英在親歷許多年政黨的壓迫、社會的對立、政治的黑暗、立法院的衝突、行政機構的無能、社會治安的敗壞、人民素質和道德觀念的迷失，加上失去專業的大眾媒體和許許多多八卦的新聞雜誌，許多人選擇不看新聞，不關心政治，不關心社會、國家，除了本身工作和家庭生活外，其他有關國家和社會的一切完全不聞不問，因為這些人實在對社會和政府太過失望了。

這不聞不問型使年輕人失去了理想，造成社會精英失去奮鬥的目標。記得在二〇〇七年我發表第一本書時，和許多臺灣傑出的年輕人、企業的中堅份子有深入的接觸，我發現一個非常嚴重的隱憂——大部分的人對於社會的問題採取不聞不問的方式，這些人對國家、社會的亂象厭惡至極，但卻沒有解決之道，所以採取這種消極應變態度。這種消極態度久而久之，造成這一批人消極、負面、空洞的態度，對自己和所有接觸的人都以消極態度處理，完全缺乏一股正面、積極，對自己和人生充滿嚮往的態度。

八、大聲撻伐型

這一批人大部分是社會既得利益者、知名人士、民意代表。藉著媒體高曝光度，在報章、電視、評論節目和國會上大聲撻伐其他黨派、不同意見的人；總是將自己標榜成清流和正義的一群，對和自己持不同意見者加以妖魔化，利用新聞媒體，口誅筆伐，非置他人於死地而不止。這些人不但在社會上樹立不良典範，更是國家的毒瘤和社會動盪的根源。不僅僅是語言上的大聲撻伐，有時連肢體暴力都一起來了。這種方式不但無法解決問題，反而樹立敵對、變相鼓勵激烈、偏激的言行，和不雅粗俗的暴力舉動。

有一次在美國電視的特別報導，主題是"Lawless Action"（沒有法律的行為）。其中一段描述臺灣立法院，一名女立法委員在講臺上和臺下一名女立法委員產生嚴重的口角衝突，瞬時電視節目播出臺下女立法委員上前掌摑正在發言的另一位女立法委員，同時所有立法委員蜂擁而上變成打群架，被現場維持秩序的警員分開之後，電視節目中可以清楚看到兩邊立法委員大聲撻伐對方的不是，大聲吶喊甚至連三字經都出口，這種形象和處理方式是最落伍、沒有水準的行為，應該被唾棄，永遠不應該在一個正常社會中存在。

名人格言

Go put your creed into your deed.

將訓誡別人的道理，實踐在自己行為上。

十九世紀美國詩人愛默生(Ralph Emerson)

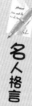

九、改變自己去改變現況型

這種類型的人在現代社會中屬於少數，這些人不聽天由命，也不怨天尤人，更不期待英雄人物的出現。取而代之的是負起本身責任，由自己做起，從改變、改造自己，進而影響、改變現況。

．恐懼改變自己的原因

為什麼有的人恐懼於以身作則、改變自己，由自己做起呢?原因有以下兩項：

沒有自信心，不敢以身作則

美國作家瑪麗安威廉森(Marianne Williamson)說過：「在我們心中最害怕的不是我們沒有能力。而是我們的能力超過別人可以想像的」。其實每個人從呱呱落地，就是一個奇蹟。從那一刻開始，才幾年光陰，從走路、說話、認知、成長和能力的增進是無可比喻的。可惜的是，隨著年齡的增長，外在和主觀的限制反而阻止個人的進步和改變。其實，造物者賦予我們超過自己和別人可以想像的能力，等待個人去發揮，去以身作則、負擔責任、改變自己，和社會不良現況。

沒有察覺社會現況和問題

現代人工作繁忙，加上家庭、經濟負擔，許多人每天疲於奔命，求一份溫飽。因此，沒有察覺到現代社會問題和亂象，也無心無力改變它。因為個人如果沒有覺察，沒有受影響，沒有感到迫切性，就不會去想，也就不會去做。

個人要成為第九類型的社會中堅人士，我們必須認知在社會國家中一定有亂象，不平等、受傷害的弱勢團體等待處理和關心。只要有心，每個人就有能力和責任由自己做起，改變現況，改變社會的不良狀態。

名人格言

You're alive. Do something. The directive in life, the moral imperative was so uncomplicated. It could be expressed in single words, not complete sentences. It sounded like this: Look. Listen. Choose. Act.

只要活著，就該做些事情。人生的方向和目的其實一點也不複雜。它不需要使用一個完整的句子，只要用單字就可以表達。那就是看、聽、選擇，然後行動。

美國作家巴巴拉霍爾(Barbara Hall)

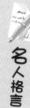

十、鼓舞別人一起去改變現況型

這一類型的人面對當代社會挑戰的處理方式達到了應變的最高境界。由自身做起，然後鼓舞別人，一起去改變現況。這鼓舞別人，就是領導的技能。領導的技能簡單而言就是「相信他人，啟發他人，發揮個人能力，貢獻服務大眾」。可惜的是，在現代社會中，只有極少數的個人屬於第十類型。其實不需要特殊才能、特別地位和權勢才有資格去鼓舞別人，一起去改變現況。每個人都可以做到，每個人都有能力去成為第十類型的人。在我人生中，從林明德老師、國小蔡聰明老師、阿姨、父母親、萬其明教授、岳父母、吳凱民夫婦、太太、女兒、弟弟、妹妹等，有許多的人，他們都是第十類型的人，鼓舞我讓我完成不可思議的任務。這些鼓舞我的人，不是聖賢達人，不是高官貴人，他們和大家一樣是市井小民。唯一不同的是這些人秉持著無私和貢獻的心，幫助我成長。

誰屬於第十類型？答案是每個人都可以，可以成為家庭、小孩、公司、單位、社區、社會、國家，甚至全世界的領導者。只是領導範圍和影響層次的不同，每個人都是周遭所接觸人們的領導者和表率。因此，只要我們願意，每個人都有能力，也有責任去領導、鼓舞別人，一起成為改變現況的中堅力量。

2.2 十種類型的選擇

一、⒜型社會與⒝型社會

我們可以調查個人對於生活和工作問題和挑戰的處理方式，從以上十種不同類型個人選擇的分配狀況，可以瞭解社會和國家幸福和健康的程度。社會和國家整體健康情況就像圖2–1，人民的態度和選擇決定它的健康情況。圖2–1中，我們可以很清楚看出不健康社會⒜和健康社會⒝的不同處。

如果大部分的人是以第一到八類型做人處事的方式面對問題與困境，則代表這個國家的人民選擇過著⒜型生活，可以預期這是一個不

◎圖2–1 ⒜型社會與⒝型社會

(A) (B)

健康的社會，充斥著腐壞、墮落、消極和失敗。相對(A)型的不健康社會，(B)型健康社會是由第九、十類型個人所組成。在這個社會，人人要求自己進步和改變，在改變自己和現況後，再鼓勵他人一起進步。

二、將(A)型社會改變成為(B)型社會

(A)型社會在華人世界中是存在已久的問題，不但根深柢固在每個社會和家庭裡，更已成為平日做人處世的行為和習慣。如何去改變這麼龐大，深植於每個人心中的處世行為呢？這(A)型社會到(B)型社會的改變，必須由根本做起，必須改變每個人的基本信念。以下作者將介紹的改變方式是根據許多科學方式和論據方式而成，只要一步一步去訓練和實行，就可以完成個人訂下的目標。

科學研究證實所有重大的進步和成就，必須由改變個人信念開始。信念就像樹木的根、人類的染色體，它決定了樹和人類的外表和行為。沒有個人內部信念的改變，個人的外在行為和處事方式不可能有重大、有效的改變。

・個人信念可以改變社會

首先，以一個第二次世界大戰後日本經濟奇蹟的故事來介紹，如何透過轉換個人的

信念，改變(A)型社會成為(B)型社會。

第二次世界大戰後的美國挾著戰勝國的姿態和優勢，以及在戰爭期間所培養的工業基礎，在鋼鐵、化工、石油、汽車、電器等產業獨占世界龍頭地位。美國公司為了增加營收和獲利，主要的經營方式就是提高生產力、降低生產成本。

這時出現了一位名叫戴明(Edward Deming)的美國人，他是全世界第一位將統計學的概念融入到企業管理和品質管制的學者。在一九五〇年間，戴明向美國鼓吹用統計學方式改善品質，藉由品質的改善，可以增加競爭力，成為全世界第一流企業。但是，當時美國企業夜郎自大，以為自己已經是全世界第一了，拒絕了他所有的建議。

另一方面，戰敗的日本百廢待舉，美國麥克阿瑟(Douglas McArthur)將軍成為在日本聯軍最高統帥。麥克阿瑟將軍對當時在日本連打一通電話都十分困難的情況，感到十分沮喪，為了幫忙重建大戰後日本的經濟，麥克阿瑟將軍介紹了戴明到日本。

・讓每個人都認同，讓信念成為根本

當時日本僅有許多小企業生產小量低成本、低品質的產品。而給世人日本貨是低品質產品的印象，一般高階市場是不用日本貨的。戴明將統計學品質管理觀念帶到了日本，他認為品質統計管理不僅僅是一種科學、工具，更是信念。如果企業要成為世界第一流

企業，必須相信「品質第一」的信念。所有員工從董事長、社長到操作員必須完全改變「增加生產力」、「降低成本」的企業信念，成為「品質第一」的信念。這種信念漸漸深植在日本的企業裡，在日本每年企業最高榮譽的獎就叫戴明獎(Deming Prize)，這種從根本企業經營信念的改變，對世界造成了什麼變化呢？

‧信念帶來的轉變

現在將時空轉換至一九八〇年後。一九八〇年後的美國，三大汽車公司宣布大裁員，因為日本汽車不但省油、價格低而且品質第一，而美國汽車每幾個月就需要進入修車廠一次，品質很差。一九九一年，《富比士》(*Forbes*)雜誌發表一篇報導，報導中指出日本三菱(Mitsubishi)的Eclipse比美國克萊斯勒(Chrysler)的Laser同一款車型的銷售價格上高出數千元，Eclipse由於日本品牌的品質深得消費者信賴，所以消費者願意多花錢以取得更高品質的汽車。除了汽車以外，日本電器Sony、Toshiba、JVC、Hitachi、NEC也都成為世界品牌，獨占世界市場。短短的三十年，日本企業由低成本、低品質成為高品質、價格實惠的世界性品牌。從日本企業和戴明故事帶給我們的啟發是，企業必須由「信念」根本的改變；同樣的道理，要個人完全的改變，必須要從每個人心中信念的改變開始，才能達成目的、得到效果。

名人格言

The believe that becomes truths for me. Believe is which allows me the best use of my strength, the best means of virtues into action.

信念是我心中的真理。信念就是把最好的我表現在我生活中的最佳方式，可以使我發揮我最大的力量。

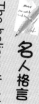

十九世紀法國文學家安德烈紀德(Andre' Gide)

2.3 信　念

一、信念的意義

此處所指的信念是每個人對人、事、物的認知方式。例如遇到挫折時，有些人的信念是相信自己就是個很倒霉的人，總是有人阻撓，不會成功；而有些人的信念卻認為這是人生中成長學習的機會。又許多人擁有的信念是認為別人的能力、運氣、成就都比較好；在同樣事件上，也有許多人卻有完全不同的信念，他們相信大家處境都是一樣的，上天給予同樣機會，成功決定於自己。

如果我們以圖形來說明，如圖2–2所示，同樣的人、事、物的發生，由同一個人經歷，但是只要擁有不同信念，就會產生不同的個人認知方式。同樣的道理，如果要改變認知方式就必須改變信念。因為信念是影響個人的根本。為什麼個人會有不同的信念呢？要改變信念之前，我們必須瞭解信念是如何形成的，然後，個人才能夠學習去改變和培養成功的信念。

◎圖2–2　信念的影響

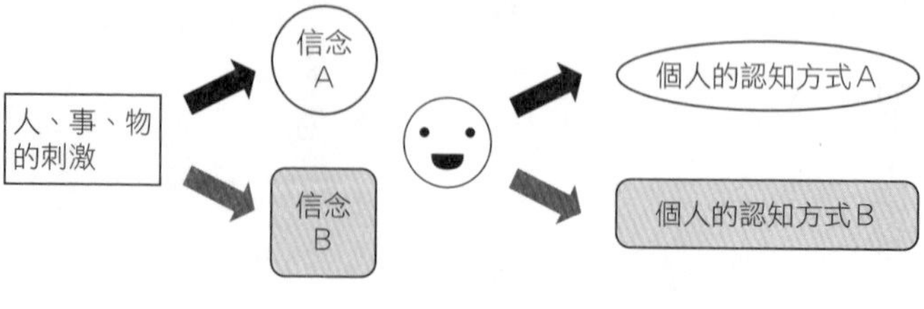

二、信念的形成

每個人對於外界刺激，都有不同的認知方式。這認知方式都是由學習所累積而成的。不同文化、種族、教育、生長背景會影響個人的信念。綜觀信念的形成主要經由：

種族、文化、社會和風俗習慣的影響

在先前所提到的「宿命論」中，一切結果都是上天所安排，不是人可以影響的「信念」的個人認知方式，就是一個受到華人儒家、道教思想所造成非常典型的例子。像士農工商階層，賦予士大夫特殊的地位，貶低商人，造成華人社會是全世界博士學位百分比最高的種族，但也是在創造力、商業管理階層最薄弱的民族。

家庭和初期教育的影響

許多信念是小時候受到父母、朋友、親戚和教育所影響。像許多華人相信「好男不當兵，好鐵不打釘」，給予職業軍人低微的評價。對於女性則是「男主外，女主內」、「賢妻良母」的觀念，造成許多優秀的華人女性在男人主宰的社會和工作職業中，無法發揮她們的能力。這種對女性和職業軍人的觀感，在最近十年來，也經由社會大眾信念的改變，正在現代華人社會中漸漸的改變中。

藉由別人的成就和榜樣學習而來

一般大眾的信念中，認為東方人體型弱小，天生不良，在體育和運動上和西方國家是無法相抗衡的。可是，臺灣的王建民成為美國大聯盟棒球隊中的明星投手，大陸的劉翔在眾多的西方體育健將中，獲取一百一十公尺高欄的冠軍。由於王建民和劉翔在國際

體育上的成就，改變許多人的信念，大眾開始相信華人也可以成為國際運動明星。

陳水扁和馬英九成為臺灣、中華民國的總統也是一個改變大眾信念的例子。在以往大家的信念中，必須是特殊人物、皇親國戚才可能成為總統。但是，一個三級貧民的陳水扁和外省籍的馬英九可以成為總統，使許多人對於總統人選，舊式的信念，也有了很大的改變。這個改變，讓臺灣年輕的一代有了新的信念——每個人都有機會成為總統。

當然，也有些是以不好的榜樣作為自己的信念。例如一些青少年看到幫派老大，穿黑衣、戴墨鏡、出手大方、出入都有大批兄弟護航，十分威風，覺得加入黑社會是成功、成名的捷徑，因此產生錯誤的信念，誤入歧途。

由自己的經驗和學習而來

許多的信念都是由個人學習、摸索，經由失敗、挫折、成功的經驗而形成。許多人經由經驗發現自己某方面的特殊才能，如運動、市場開發、人際關係、領導管理等方面，這些成功的經驗改變了自己原先對於自信能力不足的認知，轉變成相信自己有屬於個人獨特能力的信念。也有些人由於工作上的失意和家庭的不和諧，以及其他不如意、不愉快的經驗，而改變原來正面、有信心的信念，轉變成失意、消極的信念。在人生經歷中，當個人由經驗中累積正面的信念，人生就朝積極成功的方向而行；相反的，人生的經驗累積負面的信念，人生就在失望、沮喪的道路上。

重大事件發生的影響

美國攻打伊拉克的事件讓許多人原來對軍人和武力的正面信念，成為反戰爭的支持、鼓動者；地球暖化的結果，讓許多人由大量使用能源、一切以經濟為主、不顧環境及地球永續生存的信念，轉變成強調以保護地球、維護下一代、放慢經濟成長步調的信念。尤其在X和Y世代的年輕人可以看到「反戰」和「節能」的信念。

像這些重大事件的發生，對於不同個人，產生的信念也大不相同。以臺灣國務機要費、內線交易等醜聞，一些人經由這些重大醜聞形成「打擊貪汙」、「痛惡特權」的信念；也有一些人在同樣情況下，學習到「大官大貪、小官小貪、不貪白不貪」的信念。因此在國內國外，每天不同的事件發生，每個人也不斷形成屬於自己獨特的個人信念。在相同的事件中，有些人學到了正面的「信念」，有些人卻成為負面的「信念」。因此個人對不同事件的認知方式，決定個人「信念」，而且產生的正面或負面影響十分大。

自己創造「信念」系統

如何去創造自己的「信念」呢？許多「信念」不是深植在我們心中嗎？如何去改變呢？讀者現在一定有這種疑問吧？其實個人才是主角，每個人都有去選擇自己的「信念」

的力量，沒有任何人或者任何力量可以剝奪個人選擇「信念」的權力。在前述第一～五項信念的形成，都是由於外界的影響所形成個人的信念。如果個人屈服於他人或者社會潮流和壓力，或者只為了滿足親人的期待，我們就形成了和許多大眾一般不良的信念。

我們可以用圖2–3來描述個人如何去創造自己的「信念」。像學校老師教導我們看圖2–3時，如果老師只教導圖形(A)，許多學生先入為主的信念就只有(A)圖形。有些老師卻教導學生圖形(B)，這一部分學生，在個人信念一直以為(B)是最大眾化的圖形。當這群不同學生一起看看圖形(C)時，只看過(A)圖形的學生，只會看到(A)圖形。同樣的，只看過圖形(B)的學生，回答是(B)圖形。同樣圖形，不同的個人，所看到的結果卻完全不同。這個圖形練習在教導我們：個人的信念可以因為他人的教導和外界的影響，誤導我們只看到(A)或者(B)型。這因為別人影響和外面因素所形成的信念並不是唯一，也不是絕對正確的答案。最重要的，每個人不需要跟隨他人，只選擇別人要我們相信的信念。個人有絕對力量和權力去選擇，而且，沒有人可以剝奪屬於我們自己的信念。在圖2–3中，個人可以選擇(A)或者(B)，甚至結合(C)的組合的圖形，自己可以發揮正面能力的信念。

◎圖2–3　個人創造信念的方式

(A)　(B)　(C)

名人格言

I know this now. Every man gives his life for what he believes. Every woman gives her life for what she believes. Sometimes people believe in little or nothing yet they give their lives to that little or nothing.

現在我明瞭，每個男人和女人會貢獻自己的人生到他們相信的事情上。有時候，當人們相信的愈少、甚至不相信時，他們的人生就貢獻在意義不大或是沒有意義的事情上。

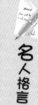

十五世紀天主教聖人聖女貞德(Joan of Arc)

2.4 信念的力量

在上一章節，我們瞭解個人有能力去改變和選擇內心的信念後，我們一起學習「信念」對人類歷史的影響。在人類的歷史中有許多聞名的故事，都和信念有關係。信念可以開創人類的新紀元，也可以控制人類的文明。

一、伽利略(Galileo Galilei)的日心說

在十五世紀之前，羅馬教廷和世界各地都認為地球是宇宙的中心。這種信念，沒有人敢提出異議，因為不同於這種思考方式，可能會有殺身之禍。因此所有天文學家、物理學家、數學家都以地球是宇宙中心，太陽繞著地球轉的信念做學問。一直到伽利略使用自己設計的天文望遠鏡觀察太陽星系環繞現象才有了改變。他發現地球不僅僅不是宇宙中心，而且是繞著太陽轉，地球只不過是太陽星系中的一小顆行星。這種顛覆當時公認信念的想法，使得伽利略的發現被禁止在學術刊物發表，也因為他的新信念，伽利略受到了羅馬教廷中守舊人士的迫害。可是因為伽利略的新信念，人類才會跨出以地球為中心的思考方式，並促成日後牛頓的理論和近代天文學、物理學的快速發展，為人類現代文明奠定良好的基礎。

二、雷迪(Francesco Redi)的無生源論

同樣的，在十五～十六世紀中，一個共同的信念是生命是由無生命的物種產生的。當時，人類看到從腐壞的肉、魚類生出蛆，一般的信念是無生命的食物可以成為有生命的動物。由於這種普遍信念，民間流傳許多荒誕的傳說，像人死後可以變成蝴蝶，動物死後可以成為其他動物。雷迪為了破解這種錯誤的信念，他設計了一個實驗：他將腐壞的食物放在不同的瓶子中，一個瓶子完全密封，另外一個瓶子則打開讓蒼蠅可以接觸。結果在完全密封的瓶子，沒有蛆的生成；而在開放的瓶子，他證實由於蒼蠅產卵在腐壞的肉上，這些卵會成長為蛆，而不是由腐壞的肉所生成的。這個實驗完全改變當時人類無生命變成有生命的荒誕信念，更為近代微生物學、微化學鋪下了起點。當我們現在享受由生物學和化學所帶來醫學、生物科技、藥物、營養品等等的便利時，必須感謝雷迪的勇氣和新的信念。

三、達爾文(Charles Darwin)的進化論

達爾文提出完全顛覆創造論信念的進化論。即使在現代，許多人仍然堅持地球、宇

宙、人類、萬物都是神所創造的，而不是以「適者生存，不適者淘汰」的進化論為主。在達爾文提出進化論時，社會大眾，包括許多科學家同僚，對他口誅筆伐，大家無法接受這種完全不一樣的信念。但經過文明的進步，尤其DNA的發展，更多的科學證據顯示，所有動植物，包括人類，在地球的進化歷史中是進化而成，而不是創造出來的。這進化論的信念完全突破舊思維，人類也因為這新信念，在遺傳科學、基因科學有重大突破，不再拘束於舊創造論的舊思考中。

四、安慰劑效應(placebo effect)

安慰劑效應是由醫學臨床研究所發現的，亦稱為非特定效應(non-specific effect)或受試者期望效應(subject-expectancy effect)。在醫學臨床研究中，將受測者分組，並告知其中一組人他們接受了醫治心臟病或高血壓的藥品和治療。但實際上，只是給予這些病人一些普通的維他命藥品和一些與心臟病、高血壓無關的治療。但是許多醫學臨床研究中很驚訝的發現，這種讓病人產生信念和相信可以治病的方式，可以產生極大的功用，因此稱為安慰劑效應。

安慰劑效應和華人社會中氣功治病、符水治病、驅邪、算命等等民間習俗有著異曲同工之妙。許多讓人驚訝的正面治療結果，實際上是違背科學根據。唯一可以解釋的是當個人對某種治療有強烈的信念，個人心理中所產生的力量和潛力是超過一般人和科學可以想像的效果。

名人格言

Drugs are not always necessary, but believe in recovering always is.

生病時，藥品不一定是必要的，但相信自己會康復卻是必要的。

二十世紀美國作家諾曼庫辛(Norman Cousins)

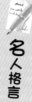

2.5 信念、行動和結果的關係

從以上故事說明信念的力量和重要性。而信念所產生的力量和它的循環圖就如同圖2-4。在我們每個人做事以前，我們心中的信念掌握個人的潛力和信心，然後個人會根據自己的信心，採取適當行動。行動以後，就會有相對結果，每個人根據結果，會調整自己的信念。如果結果和自己預測的一樣，會更加強原來的信念，如果結果和自己預測有很大的差別，也會改變自己的信念。這種信念、行動和結果的因果關係，在近代心理學研究有重大的突破。這科學研究也被廣泛的應用到世界級體育選手和國際企業領導人的培養，以及政府重要部門首長的訓練。藉由應用這循環圖可以產生對個人重大影響，進而創造出不平凡的結果。

◎圖2-4　信念、行動和結果循環圖

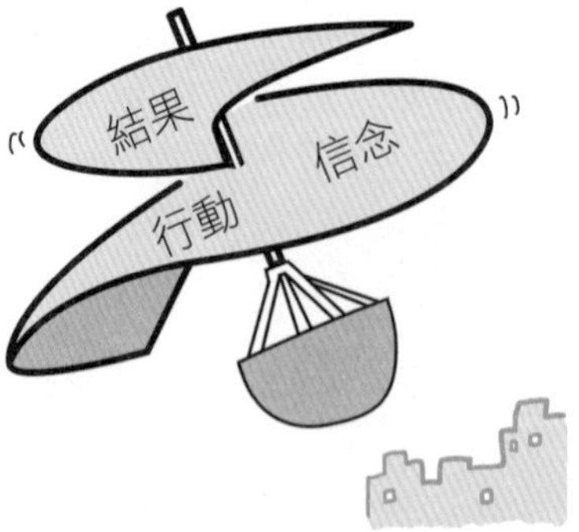

例如一位高中生準備參加明年大學入學考試，他認為自己不是讀書的料，當這成為

他的信念，會頓時失去推動力和信心，總是覺得自己不論如何努力，都無法和其他人競爭，因此，他讀書的行動非常消極，碰到問題也不會問同學或老師，得過且過，最後終究是落榜，這結果更加證實他的信念。

如果，我們將這位高中生的信念改變一下，相信受大學教育不但是讓自己以後在職場有較輕鬆、待遇高的工作，也可以增進自己對世界、科學、商業、政治的知識培養，更重要的，大學教育提供給自己更多機會去尋找自己的夢想、發掘自己的長處和能力，讓自己享受大學教育的經驗。在這種信念下，他可能增加了許多推動力和信心，相信自己有與他人不同的能力。也許聰明才智比不上其他班上優秀生，但是他可以吃苦，花更多時間在讀書上。在讀書過程中遇到問題、不明白的地方，積極地請教同學、老師，在相互學習支持下，很快的找到了讀書的要領，功課也有十足的進步。結果不但考上了大學，而且還是排名很好的國立大學。這成功的經驗和結果加強自己的信念——自己雖然不是最聰明、最有才華的，但是只要跟著計劃一步一步向前不斷的努力，就可以完成最後目標。

圖2-4信念、行動和結果循環圖是威力十足的一項工具。如果個人有正面，向上提昇的信念力量，它就產生正面的結果與帶來成功。個人可以依據這個循環圖，不斷的轉

動，就像蒸汽機一樣，產生強大的推動力形成正向循環，個人就踏上成功、快樂和健康的道路。相反的，如果個人是處於負面，向下沉淪的信念中，就會像一位不會游泳的人在海中載浮載沉，用盡全身力量，只為了呼吸，求不滅頂。這種向下沉淪的信念方式，終究還是會被大海所吞沒。這負面的信念、行動的人生循環，就像一臺功能不良的汽車，不時的拋錨，進一步、退兩步，個人每天都生活在失望的人生中。

名人格言

If you hear a voice within you say “you can’t paint”, then by all means paint, and that voice will be silenced.

如果你聽到來自內心的聲音告訴你不能畫畫，無論如何想辦法去畫畫，那個消極聲音很快就消失了。

十九世紀荷蘭畫家梵谷(Vincent Van Gogh)

2.6 向上提昇與向下沉淪的信念

如果個人心中的信念是決定成功、失敗人生的主要分水嶺，成功、快樂的人具備哪些信念？而不成功，失落的個人又具備哪些信念呢？在這個章節中，作者將提供成功者和不成功者在信念上的不同之處，並且提供許多例子，以便讀者參考學習。希望讀者學習到向上提昇的信念，再應用從2.3節所學習到個人的絕對選擇權和力量，個人可以隨心所欲選擇，培養屬於個人、向上提昇的信念，並且除去所有向下沉淪的信念。記得，個人有絕對的力量去完成這人生的改變。

一、向上八精英(elite 8)

向上提昇的信念，綜合所有成功人士的信念總共有八項，以下將一一介紹。

㈠每件事情發生都有它的意義和目的

大部分成功人士都有這種信念，尤其在事情不順，遇到重大挫折時，會去思考事情發生背後的真正意義和目的。美國著名橄欖球明星球員吉姆凱列(Jim Kelly)的兒子亨特

(Hunter)，一生下來就得了罕見疾病。在一次電視訪問中，他談論到從兒子身上學習到什麼。吉姆說當他和他太太知道亨特出生後就有不治絕症時，他們問上天為什麼讓這種事發生在他們身上。他們是很虔誠的基督徒而且行事正直，不做壞事，上天為什麼這麼不公平？但是很快的他們瞭解這件事的意義和目的——因為上帝知道他們有能力和愛心去照顧這種小孩、增進人類對這種罕見疾病的研究，幫助他人瞭解如何去處理同樣的問題。因此吉姆凱列和太太把兒子亨特當成上帝賦予他們最好的禮物。因為亨特，他們學習照顧天生缺陷的小孩，成為更有愛心、同情心、更成功的父母親。

在我們人生中會碰到許多不如意事情，乍看之下，也許是挫折、或者不公平待遇，但是如果我們能瞭解每件事背後都有它存在的意義和目的，更高、更好的人生正等待我們去追求。重新肯定自己、建立信心、勇往直行，最後快樂和成功的人生就在你身旁。

(二)人生沒有失敗，只有嘗試

在我們人生中所謂的失敗，其實只是結果沒有達到我們的預期。譬如說，我們說這個人失敗，因為他每個月只賺兩萬元，但兩萬元不是失敗，只是尚未達到自己期望的目標；成功、快樂的人士相信人生沒有所謂失敗，端看你有沒有停止嘗試，有沒有從嘗試中學到經驗、進步，再努力去達到你所期待的結果。只有當個人停止行動、不再嘗試，那才是失敗。否則人生沒有失敗，只有不斷的學習。

當有人問發明大王愛迪生(Thomas A. Edison)，他在發明電燈以前，失敗了幾千次的感覺。愛迪生回答：「我從來沒有失敗過，如果每次實驗結果沒有達到預期，我就知道我離發明電燈的目標又更接近了。」

我們再來看看人生沒有失敗的另一個例子。下面是一個人的履歷表：

二十一歲時生意失敗。

二十二歲時選議員失敗。

二十四歲時生意又破產。

二十六歲時失去了太太。

二十七歲有精神崩潰現象。

三十四歲選國會議員失敗。

三十六歲選國會議員失敗。

四十五歲選議會議員失敗。

四十七歲選副總統失敗。

四十九歲在上議會議員選舉失敗。

五十二歲時被選為美國總統。

他是誰？他就是美國偉大的總統林肯(Abraham Lincoln)。

想想看，如果歷史上偉大的總統在一生中都有這麼多失敗的經驗，說明人生並沒有所謂失敗，只有嘗試。成功人士的信念是勇於嘗試，不斷的向前行。將失敗的經驗，轉變為成功學習的最佳途徑。

名人格言

Life is either a darling adventure or nothing.

人生可以是一個可愛的冒險，或者是什麼都沒有。

美國著名盲人作家海倫凱勒(Helen Keller)

㈢對自己行為負責

一個成功、快樂的人必須對自己的行為負完全的責任，不管在工作上、待人處事行為上，都必須對自己行為負責任。

美國總統甘迺迪在上任初期，因為缺乏經驗和幕僚的錯誤決定，侵略古巴，造成在Bay of Pigs（豬灣）戰役中大量人員的死亡，此事讓他學到自己必須為自己行為負責任。因此，在後來古巴飛彈危機事件時，他冷靜處理、負責，和幕僚一起規劃多重計劃，從戰爭、圍堵到禁運等等措施。不但化解和蘇聯發生核戰的危機，也拯救地球不被第三次世界大戰所毀滅。

因此，成功人士必須有對自己行為負完全責任的向上提昇的信念。相反的，不成功、不負責的個人，總是不對自己行為負責，為所欲為、不知節制、不考慮後果，最後身敗名裂。

㈣知難行易

另外一個帶領成功人士向上提昇的信念，就是知難行易的道理。有些事情，坐而言不如起而行，從力行中反而可以理解道理。像我們不需去瞭解汽車是如何發動的，只要用手去發動就可以。同樣的，我們每天開關電燈，很多人並不知道電燈發亮的原理。因此，除非是研究員或者科學家，我們不必去瞭解事情的理論和來龍去脈，只要去做就可以完成目標。

孫中山先生在創立民國之時，有鑑於國人習慣性的等待、思考，缺少行動。因此提倡知難行易的道理，鼓勵大家多做少說，多做少想。做了以後再去瞭解，如此，才可以促進進步。

在高科技產業中，每個人都知道Apple Inc.（蘋果公司）的賈伯斯(Steve Jobs)。大家對於他創造視窗軟體電腦，到後來的iPod及行動通訊工具iPhone都給予高度的肯定。賈伯斯是最好知難行易的成功例子。賈伯斯和Apple並不是視窗軟體的發明者，而是Xerox在Palo Alto研發中心所創造發明的。賈伯斯在某一次機會參觀Xerox的Palo Alto研發中心，看到視窗軟體的概念。他是第一位拿這個創意去應用在電腦，成為在一九八〇年間橫掃電腦界的蘋果電腦。同樣的，MP3音樂數位機和高階的手機的觀念，都不是賈伯斯、Apple所創造出來的。可是賈伯斯和Apple卻是早別人一步將看起來非常複雜的科學原理，轉變成即使是完全不懂物理、化學、電機、電腦的大眾，也可以很輕鬆、愉快的使用和享受的iPod和iPhone。賈伯斯的信念，多做多對，少做少對，就是成功人士向上提昇信念的最好的例子。

名人格言

Self-knowledge is best learned, not by contemplation, but by action. Strive to do your duty and you will soon discover of what stuff you are made.

個人的知識主要是由學習獲得的，學習不是經由思考，而是經由行動。如果個人努力行動去完成自己的責任。很快的，個人就可以明白自身的長處和短處。

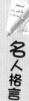

德國作家歌德(Johann Wolfgang von Goethe)

(五)人是最重要的資產

所有成功的人士都有一個共同的信念——人是最重要的資產。在這種信念下，成功的人士強調建立堅強團隊的要素是注重對個人的感激、尊重、培養和訓練。

在現代成功的企業中，我們可以看到許多使用這項信念的例子。Google是一間非常成功的網路公司，也是全世界最大資料搜尋公司，所有網路搜尋操作大概都和Google有關係。Google在公司中設有幼兒保健中心，醫療保健中心提供所有飲食、娛樂和聯誼服務。在一次電視訪問中，被問到為什麼提供這麼多服務和措施，花這麼多錢，是為了誇耀公司的財富和利潤嗎？Google的執行長回答：「我們相信人，而不是科技或者電腦，人才是公司最大的資產，公司每年花費大筆錢在科技和電腦上，也就是提供給最重要資產最好的環境，員工能無憂無慮的和其他團隊每天快樂的一起工作、生活，才是我們成功的最重要關鍵」。

人是最重要的資產的信念，不能夠只說不做，沒有行動來支持這種信念。許多企業負責人和政府領導人每天將信念掛在嘴上，但是行為及作法上，卻南轅北轍，只顧自己利益，視個人為公家和企業的財產，只要求個人貢獻，而不注意培養。所謂只要雞下蛋，卻不給雞飼料。這也不是一位成功人士所應具備的信念和行為。

㈥天下無不勞而獲的道理

在中文成語中，要如何收穫必須先如何栽是同樣的道理。成功人士的信念，相信必須付出才有結果，天下沒有宿命和不勞而獲的道理。

近代最有名的高爾夫名將老虎伍茲(Tiger Woods)，大家稱讚他的天分和成就，歸功於他父親的教導和上天所給予的運動天分。但是，在一次電視訪問中，被問到他成功的因素，伍茲說除了父親的教導和訓練、母親和許多人的幫助，最重要的因素是"hard working”——自己的努力。他從四歲開始練習高爾夫，擊出的高爾夫球比所有的人多，練習的時間也比其他所有人長，再加上自己毅力，心理建設的訓練也比別人更深入，這才是他成功的最重要因素。當然伍茲私生活不檢點，以為自己行為可以置於法律、道德之外的個人信念，造成身敗名裂，也是一個很好的學習例子。在「向上提昇」的信念下，他揚名天下，受大家敬愛。但是，也因為選擇另一個「向下沉淪」的信念造成他現在的窘境，他的故事值得我們警惕。

在所有成功的人士中，不管是企業界、運動界、娛樂界等，成功的背後都有段不被人知的辛苦奮鬥。因此，必須有栽才有獲，只有向前才有進步。自助才有天助的信念是成功的必備因素之一。

㈦天生我才必有用

在現代社會中，許多人一窩蜂的讀工科、醫科、研究所、高科技等，不管自己的專長和特殊才能，就跟著別人的屁股走。看看現代華人社會中，大學，碩士，博士學位滿街跑。很多人學非所用，也不是自己興趣所在，結果造成人才和社會的雙重損失。有些人也許不適合讀大學、研究所，也許所賦予的才能應該是黑手的師傅，有高人一等的手藝；有些人也許不適合在高科技產業工作，做小生意小企業甚至路邊攤也許是他發展最好的職業；有些人在運動、藝術、市場推廣、品牌推銷上有特殊才能；有些人也許特別具有愛心，可以在社會和民間慈善團體貢獻一己之力、照顧弱勢。在所有成功人士中，我們可以發現他們都具備天生我才必有用，找出自己長處的信念。不論自己身世、背景，相信天生我才必有用，找出自己興趣才能，在自己選擇行業上，努力工作，成功就會屬於你的。

名人格言

Everything that enlarges the sphere of human powers, that shows man can do what he thought he could not do, is valuable.

任何可以擴大個人力量和領域，並完成大家認為不可能完成的任務和工作，都是非常有價值的個人學習。

十六世紀英國詩人瓊森(Samuel Johnson)

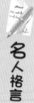

㈧工作就是享受

如果一個人厭惡他的工作，結果是如何？這個人一定不會快樂、也不會成功。大部分成功人士都有一個信念那就是工作就是享受。當我們每天的工作成為個人的享受，生活和工作中所碰到的困難和挫折就不再是憂慮和煩惱，反而是激勵和機會。因為我們熱愛工作，享受工作，成功就伴隨而來。

當記者訪問六次英國公開賽高爾夫冠軍湯姆沃森(Tom Watson)，為什麼對高爾夫職業賽這麼執著？比賽的競爭和壓力似乎都不影響他？他回答說，「我很喜歡玩高爾夫球，非常享受高爾夫這項運動，當有人付錢讓我做自己喜歡做的運動，這種工作就是最大享受」。他又說「如果參加高爾夫球比賽，不再是生活中的享受，那就是我退休的時候。」湯姆沃森在六十歲的高齡還能在高爾夫球場上和年輕人競賽，在西元二〇〇九年獲得英國公開賽亞軍，就是這工作就是享受信念的最佳榜樣。

記得，成功的信念是，工作的目的是享受人生。金錢、升遷、紅利、股票只是工作中過程的產品而不是目的。如果你工作的目的是享受，那麼成功、快樂、財富、安定也就隨之而來。

二、向下七大寇(gang 7)

八項向上提昇的信念是每個成功人士所必須具備的，讀者應該努力學習，具備這些信念。同樣，以下向下沉淪的信念則是每位讀者必須避免的。如果個人有這種信念，必須加強改進，防止這個沉淪的信念成為個人成功路上的障礙。

㈠別人的田畝總是比較綠(Other people’s lawns are always greener)

許多人總是覺得別人有較好的工作、有較好的能力、運氣、背景、家境，所以獲得的成就一定較好，這是一項非常負面的信念，必須根除。這別人田畝總是比較綠的信念，在現代人中是非常普遍的。最典型的例子，在一個公司上班，總是覺得別人工作較好，待遇較佳，生活較美滿、輕鬆，自己則是最辛苦，機運最差的個人。因為這種心態，造成許多人每隔一～二年就換一份工作，每個工作和公司都不符合心中的理想要求，總是在尋找比較綠的田畝。其實最綠的田畝就在我們眼前。

事實上，家家有本難念的經，造物者所給予每個人的機會和考驗，基本上是非常公平的。不同的地方，是個人對機會和考驗的選擇。成功的人將危機看成機會，成為進步原動力。舉凡失敗的人都是將挫折看成絆腳石就退卻，不再前進，非常可惜。

名人格言

The meetings of preparation with opportunity generate the offspring we call luck.

當做好準備碰上機會來臨，並有了成功的結果，我們叫它運氣。

美國著名鼓舞作家、演講家安東尼羅賓斯(Anthony Robbins)

(二)謙虛是美德，一切隨遇而安

謙虛確實是美德，待人必須謙虛，不可自滿驕傲。當然，一切隨遇而安的思想也值得鼓勵，不特別追求功名權勢。可是在做事的信念上，過分謙虛變成虛偽、不積極、沒有行動。如果把不行動、不自我加強、不敢和別人競爭變成是個人謙虛的信念是一大錯誤。因為如果做事本著一切隨遇而安，目標層次會非常低落，不但失去鼓勵自己的原動力，也失去追求更高目標的信念。一切以聽天由命來做事，不求成功，只求隨遇而安，結果就是永遠生活在不滿意、不充實的人生中。因此，待人處世必須謙虛，隨遇而安。

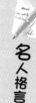

在做事行動上，絕對不可以有這樣的信念，否則個人將不斷向下沉淪，不可能成功。我們經常聽到一些不成功人士很高尚的說：「我不需要金錢、不需要職位、也不需要成功來證實個人能力。我每天過得很快樂、隨遇而安。我要求很少，過的生活也很簡單。因此，我不需和別人競爭，也不必增進個人能力。」這種論調聽起來很高尚，卻是十分負面的「信念」。一個人如果沒有能力去賺錢，是不能救濟、幫忙貧苦人；個人沒有教育是不能教導別人的；如果我們沒有擁有，是不能夠放棄。等到自己可以成功，過著快樂和健康的生活，再來提倡這種高尚的論調。

㈢一切太遲了

在作者演講中，許多人問過我，他們有許多夢想去做的事，像是繼續求學、學習語言、領導管理技能與其他技能、做自己想做的事等。但是當有了家庭、小孩、負擔、年紀大了，這一切都太遲去追求了。這一切太遲了的信念也是許多人無法向上提昇的負面信念。最近，我讀到了臺灣裕隆集團已故董事長吳舜文女士的故事，她在高中畢業後就奉父母之命結婚；三十多歲才決定繼續大學學業，她的同學都是二十歲的小伙子；七十歲才決定學習書法。在她活到九十多歲的人生中，她一直在學習，從來沒有太遲了的想法。

這一切太遲的信念，在華人中非常的普遍。三十歲以後，我們覺得太遲去學習新知識和新技能。四十歲以後，太遲去做高難度運動和訓練。五十歲以後太遲去改變現有的職位，爭取更高職位和影響力。這「一切太遲」信念，是阻止個人上進的最大絆腳石。

名人格言

Live as if you were to die tomorrow. Learn as if you were to live forever.

要像明天就會死亡一樣地活著，像會永遠活著一樣地學習。

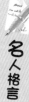

印度聖人甘地(Gandhi)

㈣選擇權是在他人手上

在不快樂、失敗的人群中，我們發現有一種非常普遍的信念，那就是選擇權是在他人手上，自己沒有能力去決定或者選擇。他們說大學教授決定成績；公司老闆決定薪水、職位；政府官員決定政策、稅負；有錢人可以影響、選擇政策；有職位的決定其他人的選擇。其實這種受人控制的心態是注定失敗完全消極的信念。

在前面章節，我們學到造物者給予每個人一項平等和珍貴的禮物。這項禮物也是人類不同於其他動物，就是每個人都有被賦予選擇權。雖然公司老闆、政府要員、重要人物擁有人為所給予他們的控制和決定權，可是個人有絕對的選擇權，可以選擇上司、公司、總統、政府官員……，我們也可以不必遵從不合法政的要求，不必跟隨別人的腳步，不必太在意別人對我們的期待和批評。我們可以選擇自己的職業、家庭、工作態度、待人處世行為、和所有個人行為。其實，選擇權是在自己手上，誰也不能剝奪。只要個人不放棄自己的選擇權，每個人都可以選擇自己的方向，去經營屬於自己成功和快樂的道路。

名人格言

The history of free man is never written by chance, but by choice.

一個擁有自由意志的人的過去絕非偶然產生的結果，而是根據自己的選擇。

美國前總統愛森豪(Dwight D. Eisenhower)

㈤人生是來償債的

華人從小在父母親和傳統思想的教導下，許多人養成了這個非常負面的信念，他們相信人生是來償債的。夫妻結婚、生小孩、扶養家庭都是因為上輩子欠債，要用這輩子來償還。在這信念下，個人產生負面不積極，沒有向上衝、向前進的做事方式。其實人生是來享受和創造不同和美好的未來，結婚是彼此享受愛情，一起牽手陪伴度過一生，比起個人孤單走一生要幸福多了；生小孩，教育他們，陪他們一起成長學習，享受為人、為父、為子、為人妻、為人母的經驗和樂趣，那是多麼美好的人生經驗。因此，每個人必須改變人生是來償債的信念，轉變成人生是享受的信念。許多華人因「人生是來償債」的負面信念，造成失去人生成功的機會。當受到挫折和不公平待遇，許多人以這種心態，灰心的過一輩子，失去改變和解決問題的衝力，覺得人生是一段痛苦、受折磨的旅程。不公平、不人道的待遇和生活在絕望中是正常的。

㈥別人害了我們

許多人當事情不順遂，無法達成自己目標時，總是有別人害了我們的信念。在家庭中，丈夫怪罪太太家庭經濟問題，因為被太太不會理家所害；太太則怪罪先生能力不夠，賺錢太少，因此自己和小孩的幸福被先生的無能所害了。在公司中，自己失去升遷經理的機會，因為被上司能力和偏心所害了。自己求學求職不順，因為父母親的要求太高、太苛求所害的。這種信念也是造成個人向下沉淪的重要因素。事實上，沒有人會害你，那些你相信害你的人，其實都是最關心最希望你成功的人。所謂「愛之深，責之切」、「恨鐵不成鋼」，唯有希望我們成功的人，給予我們誠懇的建議和關心。也許建議是「忠言逆耳」，也許傷害我們的自尊心。但是我們最親近的人絕對沒有傷害我們的心態。相反的，我們必須改變這別人害我們的負面信念，轉變成「幫助、和鼓勵我們」的正面信念，這信念的改變就是成功的最好開始。

㈦工作是為了賺錢，養家糊口

如果有這種信念，那麼這個人只能夠忙忙碌碌的過一生，沒有機會發揮能力去創造不同和美好的未來。

賺錢、養家糊口是我們每天工作的過程和結果，而不是目的。在浩瀚、無窮無盡的天地中，個人可以藉由工作、生活、旅遊、探險……等等去發掘和享受這最美好的天地萬物。工作是一項享受，從工作中，我們學習、交朋友、完成許多計劃和工作成就。從工作中，我們獲得個人的成就感和自信心。工作也給予我們金錢、提供我們食物、享受旅遊、娛樂，和其他休閒活動；給個人機會去貢獻自己、服務別人。這才是對的人生信念，才可以創造快樂的人生。

名人格言

Work is either fun or drudgery. It depends on your attitude. I like fun.

工作不是很有樂趣就是極端無聊，完全取決於個人態度。我個人喜歡無比樂趣的工作。

前美國西南航空公司總經理巴瑞特(Colleen C. Barrett)

2.7 培養信念，成為行動，達到所希望結果的訓練

在第二章，從2.1到2.4節，我們學習信念的重要性和它產生強大效力的結果。我們也學到人有力量和選擇權去決定選擇讓自己「向上提昇」的信念，並排除「向下沉淪」

的信念。現在，讓我們一起像剛剛踏入社會的新鮮人一樣，我們具備了學校所教導的基本技能和學識，如何將這些知識綜合起來呢？實際上，如何將它們應用到生活中，創造屬於個人成功、健康、快樂的生活，就是這一節我們要一起討論的。

在這節，作者將提供一個科學訓練方式，教導如何用「信念→結果因果關係過程」訓練來培養能力，發揮個人潛力。

這過程是：

beliefs（信念）→thoughts（思考）→feelings（感覺）→actions（行動）→results（結果）

這訓練可以應用來激發個人的四大潛力——體能，智能，感情能力和精神能力。潛力就是個人尚未使用的能力。要激發它、要獲得個人期待的結果，個人必須有行動，而這行動來自於內心的感覺思考和信念。因此，假使個人期待不同結果，但如果只是改變行動，而缺乏信念、思考、感覺的改變，這結果將是短暫，也不會產生重大、實質的改變。在信念→結果因果關係過程中，最重要的訓練是指標方向「→」。有不同的信念，才會產生不同思考，形成不一樣的感覺，然後做出和現在不同的行動。期待中所冀望的結果就自然發生。這因果關係和大自然現象是很相似的。就像大樹的樹根深藏在土中，雖然看不到，可是樹根的大小、結構決定樹外表的大小和健康情況。信念就是樹根，大樹就是結果。要改變一棵樹的外表，必須改變看不到的樹根。

名人格言

Good timber does not grow with ease. The stronger the wind the stronger the trees.

好的樹並不是在舒適自在的環境中長大，愈大的風，就有愈強壯、健康的樹。

全球連鎖旅館萬豪(Marriott)的創辦人威拉德萬豪(J. Willard Marriott)

同樣的道理，個人要改變、去成就所期望的結果，個人必須從改變信念開始。

在實際社會中，我們可以發現許多信念→結果訓練應用在日常生活中。一本有名的理財書籍《富爸爸窮爸爸》(*Rich Dad, Poor Dad*)作者清崎(Robert Kiyosaki)和萊希特(Sharon Lechter)用虛擬有錢老爸的信念，來教導讀者如何達成生活富裕，不必憂慮金錢快樂生活的結果。相反的，如果個人有窮老爸理財的信念，就可能成為一輩子窮光蛋，為金錢忙碌，過著只求溫飽的生活。這理財結果的不同完全取決於信念，就是信念→結果因果關係的最佳例子。學了信念→結果的訓練後，讓我們一起從內心裡做一個徹底的改變。個人如果逐步建立心中「向上提昇」的信念，跟著以下三個步驟，假以時日，我們會很驚訝的發現個人許多未發揮的能力，藉由這無止盡的能力去開創更美好的人生。

．創造快樂，成功，健康人生的步驟

向上提昇的信念

學習2.3節向上提昇的信念，並不斷觀察，學習其他成功人士所具備的正面信念，並且應用到日常生活。當個人擁有豐富「向上提昇」的信念，就是最好的成功基礎。

實行、規劃、完成它

一有向上提昇的信念後，轉變為有力量的思考、感覺，然後去規劃和完成它。在第三章〈無止盡的個人潛力〉中，讀者可以學習到個人所擁有的四大潛力：體能、智能、情感能力和精神能力。個人可以根據本身的需要，學習培養和激發個人擁有的特別能力。更進一步，在第五章〈體能和智能的訓練〉和第六章〈情感和精神能力的訓練〉，我們一起訂下計劃去完成它。

讓它變成習慣

不斷的實行和應用個人四大潛力，就變成日常習慣。在第四章，我們會有更深入的探討如何培養向上提昇的習慣。讓這些好習慣成為個人邁向成功，快樂健康的最佳競爭武器。為了讓讀者可以由圖形更容易瞭解如何藉由信念↓結果來完成激發個人能力。在圖2-5中，我們可以看到每個人都有造物者所賦予的四大能力——體能、智能、情感能力和精神能力。想成為一個成功，健康，快樂的個人，我們必須藉由信念系統。這「信念」系統就像蒸汽機的引擎，在這強大的引擎不斷的推動由體能、智能、情感能力和精神能力所構成的四個輪子。在不斷的旋轉下，產生極大的力量，成為每日生活和工作的泉源和推動力。而這向上提昇的力量就是每個人所追求成功的泉源。

◎圖2-5　信念系統

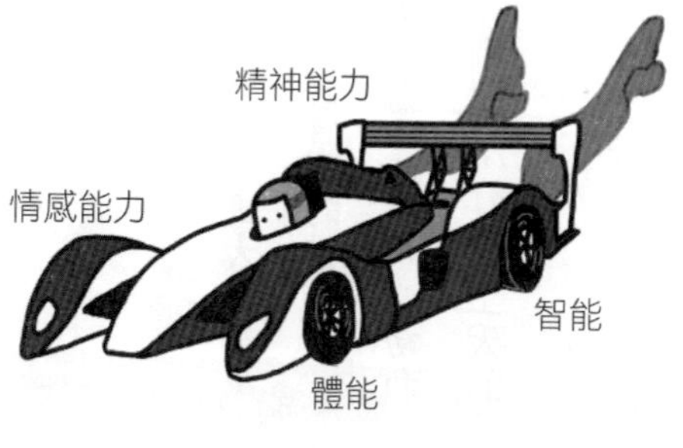

我們結束第二章以前，讀者必須瞭解這四大能力的禮物是在每個人出生時，造物者就給予我們了。為了尋找這個禮物(present)讓我們現在(present)就開始。這也是為什麼在英文中"present"有「禮物」和「現在」的雙重意義。我們必須現在開始尋找和培養個人

獨特的禮物。每個人必須瞭解個人成功與否不在於賦予能力的不同，而是取決於個人不斷探索和發揮自己的能力。失敗的個人，是因為選擇放棄這禮物，不起身追求。或者總是等待明天去做，結果明日復明日，最後人生的結果就是失望一輩子。在讀者努力發掘個人能力的同時，也應該提醒和鼓勵身旁的親朋好友一起去發掘他們尚未使用的能力。我相信如果大家一起來做、未來的世界將會因為我們而更完美、幸福。

小結——決定了沒有？

在本章的最後，我要用一句口頭禪和大家一起鼓勵追求這份禮物。在華人的社會中，我們見面總是問「吃飽了沒有？」因為，古時候民以食為天，吃是民生中最重大的事，吃飽了就是上天給的禮物。現在我們應該改成「決定了沒有？發掘自己潛在的禮物。」如果，我們從小學習，經過高中、大學，到碩士、博士的教育，是為了增進個人成功和競爭的潛力，是為了走向成功和快樂的人生。那麼下定決心，從現在訓練，打開上天的禮物，將是你一生中一個最重要成功的轉捩點。

名人格言

There are so many gifts still unopened from your birthdays. There are so many hand-crafted presents that have been sent to you by God. The beloved does not mind repeating, “Everything I have is also yours.” There are so many gifts, my dear, still unopened from your birthday.

每個人與生俱來就有許多還沒有打開的禮物，上帝送給每個人許多祂親手做的禮物，親愛的朋友，我們有的和上帝擁有的一樣多。

十三世紀伊斯蘭教詩人哈菲茲(Hafiz)

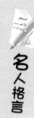

第二篇　發揮潛能的驚人力量

第三章　無止盡的個人潛力

不可能的任務，因為發揮潛力而不斷地被實現!!

你是否想過人類的身體可承受十一天不斷的跑，每天只睡三小時？擁有六千個發明專利的發明大王，其實智能有問題？活下去的情感慾望可以支持你面對恐怖的敵人虐待？靠著一個人的精神信念，可以創造一個全球性的組織？

3.1 人類的潛力

什麼是人類的潛力？這是造物者所賦予每個人天生的能力。因為這種能力，人類才能夠成為萬物之靈。這能力也是人類和其他動物最大的不同點，因為這種能力，人可以在三～四千年前建造金字塔和萬里長城。在一～二百年前建造舊金山金門大橋和紐約的摩天大樓。更在這五十年來將太空人送上月球，將人造衛星、太空梭繞行地球轉動，這證實人類的潛力是無止無盡的。人類愈是用它，它就產生更大效用。潛力是由四個部分構成的：1.體能(physical intelligence)；2.智能(mentality)；3.情感(emotional quotient)；4.精神(spiritual intelligence)，如果個人像一張桌子，這四種能力就是支撐桌子的四支柱子。就像圖3-1所標示。

要擁有可完全發揮的潛力，須具有強健和豐沛的體能、智能、情感和精神，如果缺少其中一項，人類潛力就開始搖動不平衡。如果其中兩項不健全，那整個個人構架就會崩解。因此，一位健康、成功、快樂的個人必須具備有強健和平衡的四大能力，缺一不可。

◎圖3-1　潛力的構成

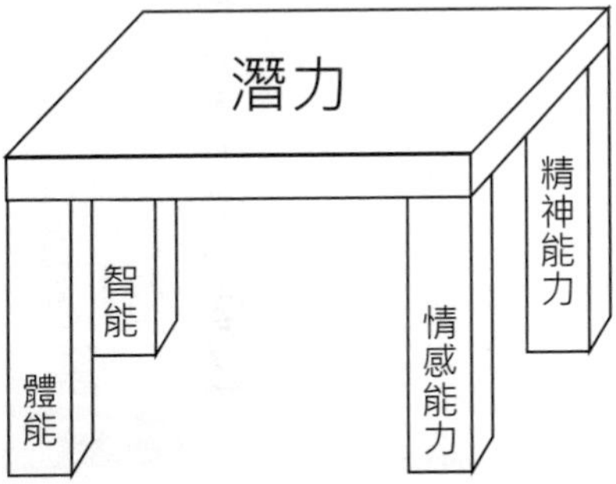

名人格言

One man can't do right in one department of life whilst he is occupied in doing wrong in any other department. Life is one indivisible whole.

人是不可能在某一部分能力很成功，在另外一部分能力卻徹底的失敗。人生必須是完整，在每一部分生活和能力都一致的。

印度聖人甘地(Mahatma Gandhi)

接下來的章節，我們一起來學習這四大能力。看看歷史和實際生活中，人類如何培養，發揮這不可思議的力量。

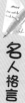

3.2 體能(physical intelligence)

一、什麼是體能

身體(body)是人類體能的根源。我們的身體可以做出許多不可思議的事，像走、跑、跳、提、投、擲等。這些動作在現今即使是最精密的機械人也不可能完全成功模仿。這些複雜的動作，是由許多肌肉、骨骼、關節經由大腦、感官神經等相互協調而成。

二、體能的極限

在一九九〇年代，所有科學家認為一百二十歲是人類年齡的極限，沒有人可以超過一百二十歲，但是最近一份由美國科學家針對瑞士（瑞士有很好的人口記錄，而且社會很平穩沒有動盪）過去二百四十年人類年齡極限的研究發現，在一七五六～一八五七年間，最長壽是一百零一歲；到了一八八四～一九九三年間最長壽是一百零九歲；然後從一九〇〇年後，尤其最近四十年，長壽的人數和歲數急速的成長；在一九〇〇年出生，目前一百一十一歲的人類，有許多人都還健在。這個研究發現，隨著人類年齡不斷的增加，人類的年齡可以是沒有極限的，只要可以一直突破極限，發揮體能的能力，從人類基因來看，年齡和體能是沒有極限的。

讓我們一起來學習以下兩個例子，證實人類體能的能力比我們想像中超越太多了。我們無法完全發揮這能力，不是因為體能的限制，而是人類心理自我設限。

㈠不可思議的一千英里長跑

你是否想過人類的身體可以在十一天中不斷的跑，每天只睡三小時和短時間休息、用餐，而且在十一天中長跑了一千英里後，竟然毫髮無傷，而且腳底連一個水泡也沒有。這不是天方夜譚，而是一個真實故事。

史都米特門(Stu Mittleman)是一位美國運動教育專家，一九八六年史都創造了世界紀錄，在十一天跑了一千英里。他也是美國六天內跑最長距離的紀錄保持者，他在六天內總共跑了五百七十八英里，每天平均跑九十六英里。想想看每天跑將近一五四公里，連續跑六天，這在我們的認知中是一項不可能完成的事。但史都印證了人類體能可以達成這項任務，也證明人類體能的潛力是無窮的，成敗與否在於如何訓練，如何排除心理障礙，就可以發揮這無比的能力。

㈡超越四分鐘極限的第一人

再分享以下這個故事，西元一九五〇年的時代，在人類歷史上幾千年來，大家公認也相信，沒有人可以突破四分鐘內跑完一英里中距離長跑的限制。但是就在一九五四年五月六日，一位二十五歲的英國中距離長跑選手——羅傑・班尼斯特(Roger Bannister)，突破這一項人類不可能的障礙，當天他以三分五十九秒〇四的成績突破了四分鐘的瓶頸。在羅傑突破這個被稱為不可能人類體能的極限後的一年內，另外共有三十七位其他長跑選手也突破這個瓶頸，過了一年以後，又有三百個人完成這項任務。

史都和羅傑可以完成這種大家認為不可能的體能極限，並不是因為他們具備其他人所沒有的超人體能，而是因為他們懂得如何訓練和準備自己，不斷追求和激發出體能的潛力。在羅傑的腦中，他已在多次訓練中突破了四分鐘的障礙，那個障礙不是體能的障礙，而是人類心理所設定的障礙。當心理和腦中四分鐘的界限被突破以後，身體和體能很容易就可以完成的，這也就是為什麼羅傑在突破人為設定的界限後，那麼短的時間，有那麼多人可以完成同樣的任務。

史都每日按著計劃，逐步有系統的訓練心、肺、肌肉和所有器官，他訓練消化系統，去平衡養分吸收、儲存和使用的系統，在長期不斷的訓練平衡消化和養分系統。他的身體利用儲存的脂肪，有節制地不斷補充長跑所需要的能量，加上肌肉、骨骼、關節、神經、大腦系統在完美的協調下，史都的身體就像流線形的飛船一樣，在順風中毫不費力，輕輕鬆鬆完成一千英里。這一千英里長跑和四分鐘一英里障礙的故事，證實體能只要不受人為設限，是無止盡的，只是在等待每個人去發掘。

名人格言

Our bodies are our gardens. Our wills are gardeners.

若身體是我們的花圃，意志力則是我們的花圃園丁。

十六世紀英國文學家莎士比亞(William Shakespeare)

3.3 智能(mentality)

通常我們談到智能，會認為這就是智力，於是聯想到聰明、笨、敏捷、遲鈍、呆、天才等描述的方式。也有人一提到了智能就會以小時候智力測驗的成績來評鑑自己和他人的智能。我們也許用所讀的學校和在校成績來評鑑他人的智能。

然而，智能並非狹義的觀念，拘束於聰明度、解決問題和學習能力。它是廣義的、而且涵蓋十分廣泛，應該包括語言能力、藝術能力和其他才能，對數字、邏輯、藝術、感官、動態、聲音的學習能力，再加上思考方式，經驗的學習，以及對事情剖析、瞭解、判斷和推理的能力；以及在群體中學習和合作的能力。因為智能所包括範圍非常廣泛，在不同文化

◎圖3-2　多元化和多樣化的智能

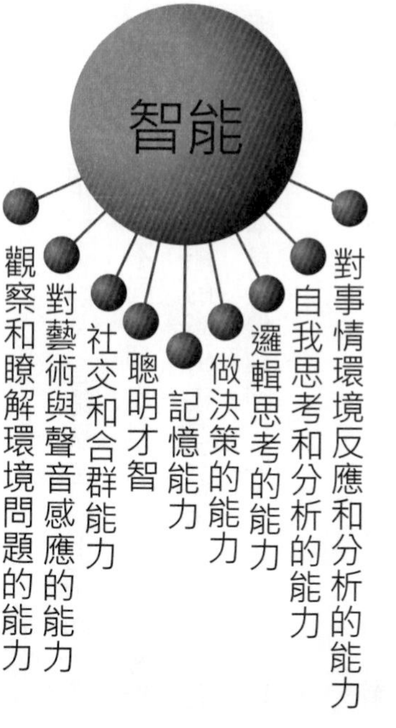

對智能有不同的解讀。東方人總是以讀書成績和功課好壞為重點；在北美洲則是以數學和語言表達能力來決定智能的能力；南太平洋島嶼國家則用對天空地理位置的熟悉和航海航向的判讀作為智能高低的評鑑。因此我們可以定義人類的智能是多重的、多樣化，而且在不同文化、不同背景，所需要和定義的智能也不相同，智能是由圖3-2中顯示的各種能力所組成。這人類智能不但多元化又是多樣化，不同的個人有不同的潛力，每個人在特定技能上有特殊的智能。因此，個人沒有所謂智能的高低，只有在不同技能上有不同的能力。個人要發揮屬於自己的智能，必須找到本身最優越的長處，這獨特的智能有無比的力量，等待個人去發揮。

以下三個名人例子證實每個人都有不同的智能。這能力也許不是世俗眼光中的所謂「智能」。其實它們是另外一種不同方式的「智能」——屬於不同個人的獨特智能。

愛迪生(Thomas Edison)

大家都非常熟悉近代發明家愛迪生的故事，他所發明的物品中最有名，對人類生活和文明產生極大和正面的衝擊——電燈。但是大家可能不知道，愛迪生上學第一天，就被小學老師送回家中，而且親口告訴他的父母，他是無法受教育的，老師覺得愛迪生完全沒有能力，智能也十分的差，就連愛迪生的父親都覺得他很笨。成年以後，他有重聽，在每份工作上幾乎都被炒魷魚。因為他總是走和大家不同方向、不同於傳統的思考方式。一般世俗所謂的智能、思考和做事方式，愛迪生完全不接受，他用自己獨特的思考方式和對發明新產品和新技術的執著，使他成為二十世紀發明大王，並擁有六千個發明專利，不但改變世界也造福了人類，更印證了人類智能是多樣化無止盡的。

理查布蘭森(Richard Branson)

另外一個人類獨特智能的故事是維珍航空(Virgin Atlantic)董事長理查布蘭森(Richard Branson)。理查從小就有學習的障礙，無法分辨英文字母B和P、T和I，對數字也完全沒有概念，因為他有閱讀和書寫的問題，也無法瞭解和解決最基本數學的問題。因此，在他十六歲就停止正規學校教育，也放棄了正規教育。但現在英國大眾的調查中，大家都票選他是英國最有智能的企業領導人。

理查成功的因素是，他使用不同的智能，他對人生、機會和任何可能帶來成功的計劃，總是有無比的熱誠和衝勁。因此，就算缺乏正常教育和世俗觀念，只有所謂的低智能，卻從來沒有阻止他向前進，憑著自己獨特的判斷、智能，加上有冒險的勇氣，他不但白手起家，今日還成為全英國最大的私人企業的領導人。他說，他還是不懂得財務報表，每次看到字彙也是一個頭兩個大，但是他應用自己獨特的智能和創造力，在國際舞臺上創造了一席之地。他完全推翻世俗智能的定義，不受人為智能所約束，充分應用個人智能的優點，完成別人所無法達成的任務。

馬爾法柯林斯(Marva Collins)

馬爾法成長在美國南部阿拉巴馬州(Alabama)，是一位黑人女性。在她成長的時代，美國仍然是種族分離，黑人是不允許使用大眾圖書館，她學校的圖書館也沒有幾本書，也沒有教室讓學生安心上課。但是馬爾法並沒有因身為黑人所受的不平等待遇而退縮。相反的，她完成大學教育，並且專心致力於教導智能障礙的兒童。一九七五年，她在芝加哥(Chicago)地方成立一所大專準備學校，這所學校接受所有有學習障礙、問題的學生，甚至還有一位有嚴重學習障礙，被當時芝加哥學區教育專家評鑑為低智能兒的女學生。

然而，在學校開課的一年後，所有學生在學期中的評鑑都至少增加五個年級的程度。一九九六年，美國哥倫比亞廣播公司(CBS)做的一份長達六十分鐘的專題報導中指出那位被芝加哥學區教育專家評鑑為低智能兒的女學生，不但已經大學畢業而且還名列前茅；那些被標示為有學習障礙及問題的學生，許多畢業於像哈佛(Harvard)、耶魯(Yale)、史丹佛(Stanford)等名校。他們更擁有醫生、律師、工程師、教育家等等各種具備專業的職業。馬爾法成功的關鍵是她相信人的智能潛力是無止盡的，很多界限都是人為設定的。

只要不斷挑戰和發掘個人智能的潛力，每個人都可以成就自己的目標。

就如同她學校中的一位學生說馬爾法老師的教學方式是"Society may predict, but only I will determine my destiny"（也許社會大眾會預測我的未來，事實上只有我自己才可以決定我的未來目的和成就）。

以上三個故事說明了一個事實，人的智能極限在哪裡？在於人類設定下的極限。如果個人可以拋棄自己和別人所設定的限制，智能就可以無止盡的發揮。也許個人智能、專長是發揮在表演、演講、社交、藝術、運動、天文、歷史、哲學等和大眾眼光中所謂的智能有所不同之處，只要我們找到屬於自己獨特的智能，發揮它的長處，每個人都可以是愛迪生，理查布蘭森和馬爾法柯林斯。

名人格言

There is nothing either good or bad, but thinking makes it so.

事情並沒有好壞之分，而是想法使然。

十六世紀英國文學家莎士比亞(William Shakespeare)

3.4 情感能力(emotional quotient, EQ)

什麼是情感？情感就是我們對外界刺激所帶來的反應。舉例來說，當別人批評我們，或者我們覺得別人給予我們不平等待遇，我們會感到生氣；當和親人或所愛的人分離，我們會感到悲傷；當別人讚美我們，我們會感到驕傲；當我們完成一項重大成就，我們會感到快樂，這些都是情感的表現。情感包括了正負面，如負面的情感包括感到不安全、不舒適、生氣、沮喪、受傷害、害怕、失望、有罪惡感、孤獨、過分壓力、感覺自己不爭氣、自己不重要、自己比不上別人等；正面的情感包括了溫暖、有愛的感覺、感激、感恩、對人生很好奇、對人生有十分熱忱和興奮、有信心、心情歡欣、做事有彈性有調整性、有體力和活力、有意志力、有決心、非常輕鬆沒有壓力等等。瞭解什麼是情感後，讓我們一起進入一般大眾生活，以下舉王先生為例，說明一個人每天生活的情感世界。

名人格言

Men, as well as women, are much often led by their heart than by their understandings.

男人和女人，經常會因為內心情感去決定做事方向，而不是靠著個人的知識和瞭解。

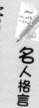

十八世紀英國政治家切斯特菲爾德(Lord Chesterfield)

一、直線的情感世界

王先生是一位生活正常，有一份好工作的上班族。王先生的求學過程中受到父母親無微不至的照顧與支持，完成碩士學位後，在臺灣一家高科技公司上班，上班幾年後結婚，也多了兩個小孩。很快地王先生已上班十年了，這十年中，王先生換過三家公司，擔任經理職務月收入可達十~十五萬臺幣，他有一份相當安定的工作和足以支持一家四口支出的收入，生活算是十分愜意。

每天早上王先生六點半起床，刷牙、盥洗、吃完早飯，和小孩、太太說再見，開車到公司大概八點半，開始一天的工作。在工作上，經過十年的經驗，處理事務也十分得心應手，沒有什麼特別刺激或者無法解決的計劃和任務。工作一天後，下班回到家中大概七點半，吃完晚飯，王先生就看看電視、用電腦，小孩也忙著自己功課，太太則忙於家務事，大家各自忙於自己事情，家中生活十分簡單平凡。週末時間王先生除了看電視、上網和朋友聚會談天，偶爾也會帶太太、小孩開車到郊外消遣幾個小時，看看海或者爬爬山。每日、每星期的活動基本上是一致的，很容易就預測到王先生每日和每星期的活動和全家的情感世界。王先生的情感世界就是所謂的直線(straight line)，沒有一點起伏，很容易就可以預測這十年來的情感世界，除了前幾年剛結婚、上班、有小孩產生許多震撼外，王先生在這種直線感情世界，無憂無慮度過幾千個日子。

想想看有多少人的情感世界就像王先生一樣，尤其是在華人世界大家總是追求平穩、正常，甚至枯燥無味的生活。在王先生情感世界裡，沒有特別的災難、沮喪和憂慮。相對的，也沒有機會享受到經歷逆境、困難、完成任務和成就的歡欣、過著一個生動、快樂、滿足的情感世界。

・平穩之外的人生

當然正常和平穩的選擇是值得鼓勵的，但是造物者創造我們，不只是到地球來追求安全和平穩，更有學習並享受人生、接受挑戰的重大任務。讓我們再回顧當王先生在小時候，當時經濟生活水平還處於非常貧乏尚未開發階段。王先生的父母親每天忙於工作賺錢，以便支持家庭開支，但是王先生天生充滿好奇和活力，精神也一直保持在非常活躍的狀態。為了學游泳，自己和朋友偷偷的跑到海邊學習，經歷了許多次的失敗，他學會了游泳，他感到十分的驕傲和滿意。學騎腳踏車時他摔了許多次，不但受傷還曾骨折，但是他沒有放棄，最後他不但學會騎腳踏車，還會簡單的花式表演。這許許多多他原本不會的技能，如吉他、球類、跳舞、圍棋等，即使剛開始遭遇許多困難，他都一一克服了。當他完成這些新的挑戰時，他的情感世界充滿了歡欣、快樂、驕傲和滿足。

二、振波的情感世界

因為情感是人類對外面刺激的反應，一般人以為個人只能順其自然，處在不同刺激下，自然產生不自主的反應。其實，人有能力控制和訓練情感反應，許多人因為無法控制和改變情感的世界，在負面情感的壓力下，轉向於毒品、酗酒和其他不良嗜好。搖滾樂歌王——貓王(Elvis Presley)就是一個典型的例子。貓王在過世之前整個情感世界都靠藥物和毒品來控制，他每天使用幾十種的藥品和毒品來麻醉自己，來製造興奮和幻想。藉由這種虛幻的情感世界才能夠維持他的生活和表演的生命。但是，最後這虛幻的世界奪去了他的生命。他在過世前幾天，連自己吃藥和上廁所的能力都沒有了，但當時他也只不過是四十幾歲的中年人而已。

大部分的人，如果不是藉由藥物和其他不良嗜好來逃避，就是選擇放棄和避免自己的情感波動，讓自己情感能力就像一條直線。

‧情感力量的巨大能力

事實上，我們是有能力、可以選擇去面對負面情感，並更進一步的轉換成正面情感。應用造物者所給予我們的情感能力去完成許多我們夢想中的挑戰和成就。相反於貓王和其他負面情感個人所造成的災難和惡夢，下面的兩個故事描述兩個個人如何在不可想像的困難環境中，應用自己正面、強大的情感能力，不但在最困難環境中生存下來，更將自己成就推上更高的境界。

杰拉德(Gerald Jerry Coffee)

杰拉德是美國空軍隊長，一九六六年二月，空炸北越的時候，他的偵察機被北越擊中，他跳傘脫險，但也成為了北越的戰俘。北越對美國戰俘的待遇十分嚴峻，除了所有戰犯被獨自隔離外，不准戰犯間溝通，也不允許和外界溝通，所處的囚房也是非常簡陋，時時遭到拷問並且遭到生命威脅。在這種情況下，杰拉德發揮人類情感的潛力，他不但從戰俘營中生存下來，日後還成為有名作家、演講者、教授，也成為企業領導和管理訓練的專家。

杰拉德描述他在戰俘營第一次洗澡的經驗是當一支生鏽的水管在天花板上開始滴水，滴在他身上。起初，他覺得非常懊惱，但很快地，他決定抬頭轉向滴水的地方，改變自己情感世界，他看到牆上寫著"Smile, you're on candid camera"（對鏡頭微笑，你現在正面對著電視鏡頭），這種化嚴峻環境成為輕鬆愉快的心境，是情感世界的極致發揮。

杰拉德每天在小小牢房中走幾公尺，每三步然後轉身再三步轉身，在這每天幾公尺的來回走動，他發誓自己必須面對逆境和痛苦，找出自己人生的目的，將這個逆境和痛苦當成一個學習的機會。他立志讓自己變成更好、更強壯、有更堅強的意志力。他說在戰俘營中，他和其他美國戰俘的願景是：不但要生存下來，而且更重要的是榮譽的回到美國。

最後，杰拉德在北越戰俘營中，不但生存下來而且靠每天幾公尺牢房走路維持強健身體。在受到北越不斷的精神和身體折磨時，杰拉德引導自己的心態和大腦融入到信仰中，他在腦中傾讀《聖經》，在心態上不斷的執行基督徒應有的行為。他不但原諒行刑的北越軍人，甚至和他們成為好朋友。他更進一步在牢房中規劃自己回到美國的未來計劃，從來沒有放棄過，這些成就了他往後成功的職業生涯。

維克多弗蘭克(Viktor Frankl)

一九四二年的九月，維克多弗蘭克被納粹黨送到波希米亞(Bohemia)的集中營。維克多每天目睹猶太人分批的被用毒氣殺死，每個人終日生活在恐懼、死亡和沒有希望的情感世界中。維克多秉持著完成自己人生最重要的願望——那就是可以和父母、太太再相聚（雖然他不知道父母和妻子已經被納粹黨謀殺死亡），和完成自己第一本的醫學書籍。藉著這個人生目的和願望，他將恐懼和死亡的負面情感轉變成挑戰，學習以及成為自己成長、成熟和進步的原動力。維克多不但從人間地獄集中營生存下來，集中營的經驗更讓他著手於探討人生意義和目的，以及如何選擇自己的目的地，不受逆境和困難所阻礙。靠著集中營培養和應用情感力量的經驗，維克多不但完成心中想唸的醫學書籍，他更成為全世界公認最好的情感能力激發心理專家。他的書籍《尋找人生意義》(*Men's Search for Meaning*)描述每個人都可能被家世、生長、外界環境、風俗、社會、文化甚至外來不可抗拒的自然、人為的力量所左右，雖然個人沒有「自由」、「力量」選擇去改變這些內在和外來的影響力，可是每個人有絕對的「自由」和「力量」去選擇回應不同的處境。在集中營人生煉獄中，許多人選擇自殺，也有人選擇寬恕納粹軍人，並且和他們成為朋友。

許多人生活在隨時會被送往毒氣室殺死的恐懼陰影下，完全絕望，就等著自己死期的到來，生活在一個完全黑暗，沒有希望的情感世界中；也有人將絕望化成鼓勵和責任，轉換自己在一個豐富的情感世界中，利用紙筆寫下這段歷史給人類學習的機會。這些人除了寫作之外，更照顧其他囚友，有時候，更將自己的麵包分給其他人，鼓勵他們保持正面情感力量，充分發揮人類情感力量。

維克多利用集中營經驗來探討個人「自由選擇」的力量，以及力量背後所背負的義務。這個義務就是每個人必須對選擇人、事、物負責，藉由這個義務，尋找到每個人的「人生意義」和「目的」。藉由集中營恐怖的經驗，啟發出人類情感力量的偉大。藉由這個人類情感的發揮，每個人都可以成就非凡的事業，完成自己期待的人生意義和目的。這也是維克多《尋找人生意義》書中的精華點，描述如何應用個人無盡、強大的情感力量。

杰拉德和維克多的故事告訴我們，造物者賦予個人無止盡的情感能力，這情感能力是與生俱來，掌握在我們手中，我們有「自由選擇」的力量，不必受外界和內在影響。就連在面對北越戰俘營和納粹集中營中的迫害和死亡威懼，人類所表現出的情感力量不但讓他們生存下來，還成為日後成功的基礎。那麼，情感力量是有能力去解決在現實生活中個人所面對的挫折和困難，並且由解決問題過程中，找到成功和快樂的方向，走向正確的人生道路。

3.5 精神能力(spiritual intelligence)

這裡所謂精神能力並不是宗教所謂精神寄託、精神糧食或者宗教信念。精神能力是個人追求人生目的和意義，是以良心為戒尺來指導我們做事和做決定的準繩。因此，這精神能力就像指南針，指引我們朝正確人生方向前進，防止個人誤入歧途。當世界變得如此複雜、是非不辨、社會價值觀被金錢和權力所操縱之時，我們也很容易失落、迷失自己方向，在繁華、誘惑的花花世界中墮落而不自覺。

因此，精神能力在現代社會中，由於物質、文明的高速發展，尤其重要了。

一、精神能力的重要性

在個人追求成功的道路上，很自然的，我們注重智能、體能和情感力量的培養，這些力量可以產生許多令人羨慕的結果。現代人常汲汲營營追求健康、外表、財富、成功、地位等成就，這些成就就像毒品一樣，有了一次經驗，就需要更多、更棒的經驗。在現代社會中，可以目睹許多成就卻反而成為身敗名裂的種因。

在最近十年中，我們看見很多成功人士因為缺乏精神能力，造成個人身敗名裂，甚至面臨牢獄之災。在西元二〇〇〇年時，有美國安隆(Enron)公司執行長和高級主管為圖個人財富，放棄人生的道德準繩，結果上萬人士一輩子的積蓄化為烏有。這些昔日在企業、政府中「喊水會結凍」❶的人也成為喊打的過街老鼠。

到了西元二〇〇八年，全世界的經濟大蕭條，也是由於個人的貪所造成的。企業、政府官員、銀行家、投資者，這些全世界最有財富、聰明，最受人敬佩、學習的高級人才，在貪字下完全失去自己，沒有精神能力來矯正錯誤的行為，結果即便最有知識能力、

❶「喊水會結凍」這句話是臺灣人常用來形容「有夠力、罩得住」的俗語，以物理的現象來喻心理的驚恐：「水」是因為被「嚇」到「縮成一團」而結成冰的。

情感能力，也無法避免陷入於花花社會金錢、享樂的權力誘惑中。

在人類歷史上，許多有名的人物，具有高人一等的智能，和過人的體能、熱忱和毅力，再加上應用非常豐富的情感能力，很容易鼓舞大眾、喚起人民，大家心甘情願去追隨、去完成共同的目標和願景；但另一方面，卻也因為沒有精神能力的指引和導航，可能造成人類的悲劇和災難。希特勒(Adolf Hitler)就是一個人類悲哀的例子。希特勒將人類智能、體能和情感的潛力發揮到了極限，在缺乏精神能力的束縛和指引下，屠殺猶太人和挑起二次世界大戰，摧毀千萬人的家庭和造成上百萬人民的死亡。近代伊拉克海珊和許多極權國家的統治者也都犯上同樣的錯誤，缺乏精神能力指導人生方向，人類必須謹記這些悲劇。

名人格言

Under all that we think, lives, all we believe, like the ultimate veil of our spirit.

我們每天思考、生活，和所有的信念所構成的面紗中，就是我們的精神世界。

——二十世紀西班牙作家安東尼奧馬查多(Antonio Machado)

二、個人無比的精神能力

可喜的是，在人類歷史中，許多故事充分表現出當我們發揮正面精神能力可產生其大無比的效應。如果沒有這些正面精神力量、和擁有龐大精神能力，貢獻於人類歷史，人類可能彼此殘害，早就回到石器時代，不可能有美麗的二十一世紀。以下介紹三個人類精神能力潛能的實例。

曼德拉(Nelson Mandela)

曼德拉是第十一任南非總統，他因領導南非反種族隔離運動，人生有二十七年是在囚房度過的。有人想知道他如何發現自己人生的目的和意義，並如何轉變個人的精神能力去完成目標。

曼德拉說，當他是一位學生時，他可以任其所好的享受自由，可以自由讀、寫，可以自由的到任何地方；當他畢業後在約翰尼斯堡(Johannesburg)，他有很好的工作，然後結婚，做自己想做，充分發揮自己能力和學問，自己能夠勝任的工作。

但是慢慢地，他看到和他一樣膚色的同胞，包括自己在內，在南非卻沒有自由。因此，他發現為其他黑人同胞追求自由平等的慾望大過於自己擁有僅屬於自己個人自由的目標。

這股為黑人同胞追求自由的渴望，使曼德拉得以發揮人生精神能力的無比力量。不但杜絕了南非種族分離政策，他也成為第一位南非黑人總統，也是諾貝爾和平獎的得主。

德瑞莎修女(Mother Teresa)

德瑞莎修女大部分時間都是在印度過，大家都熟悉她幫助貧困印度人的事蹟。但是，在先前二十年印度工作中，德瑞莎修女主要的工作是教導在印度加爾各答(Calcutta)地區最富有的小孩。她雖然處在十分貧困的住宅區，但是她完全生活在富貴家族的小圈圈中。

直到有一天，在街道上，她突然聽到一位婦女哭號求救的聲音，德瑞莎修女看到這個緊急情況，帶著她到醫院求援，但是，醫院要求她們在那裡等待，她帶婦女到另外一家醫院，同樣的也被要求坐在那裡等，因為在當時印度的階級制度，醫院必須先照顧其他階級較高的病人。在沒有其他辦法的情況下，德瑞莎修女只好帶著那位婦女回到自己家中，那個夜晚，那位婦女就死在她的手臂中。就在同時，德瑞莎修女發現有一股聲音在呼喚她，她心中的良知突然驚醒。

她看到了自己人生真正的目的和意義，她用人生最寶貴的精神力量去幫助那些最貧窮的人，她的行動和產生的變化是人類精神能力最好的印證。德瑞莎修女的事蹟成為家喻戶曉的故事，她也成為諾貝爾和平獎得主。她的精神力量對人類社會和歷史的貢獻，甚至超過於超級強國的領袖人物，充分展現人性光輝的一面。

證嚴法師

在華人世界中，慈濟證嚴法師所展現出的精神力量也是無止盡。證嚴法師目睹懷孕的原住民婦女，因為沒錢付保證金，因此被拒絕診療。從那時起，她和信徒用雙手和雙腳，一步一步從五毛錢樂捐，到自己動手種菜，做手工品，收集他人丟棄的東西、收集環保丟棄物，從花蓮做起，成為現在跨國性的慈善機構。現在在全世界，最貧窮、落後，或是災區只要有需要幫助的地方，就有慈濟。

證嚴法師由自己親身經驗轉變成自己人生的意義和目的，以幫助窮人，救濟人類為做事指南針。作為華人的一份子，每次在電視、報章報導中，看到慈濟人深入墨西哥、南美洲為貧窮人家義診、服務，為四川震災人民服務，為受颶風所害的紐奧良、替有色種族服務，以及在臺灣替低收入、殘障、老年人的照顧和服務，心中慚愧和敬畏油然而生。如果一位出家人，無錢無勢可以做出對人類這麼大的正面影響，許許多多華人，有著比證嚴法師更大的影響力，卻選擇不同的精神道路。慈濟不但是華人的驕傲，也是人類精神力量發揮的最佳典範，值得大家學習。

以上三個故事可以說是發揮人類精神能力到最大影響力。它所影響的層面，除了當地社會，更拓及到不同國家，甚至觸及全世界的人類。

其實，我們每個人都有呼喚內心的精神能力等待我們去發揮。這種內心呼喚可能是關照自己親人、子女，也可能是貢獻自己的時間和能力去做義工，端正社會風氣，成為年輕人榜樣。有許多我們能貢獻自己、服務別人的機會，事情不論大小，只要行動，我們就可以創造更和諧的社會和燦爛的未來，改變現代社會不良的道德觀和行為。

小結——呼喚內心的精神潛力

在第三章，讀者學習到人類四大能力，也瞭解四大能力的無比功能。在現代社會中，每個人處心積慮追求成功，總是想要比競爭者捷足先登。為了成功，我們花錢上健身房、上補習班、到碩士班、博士班進修；有錢的人，雇用顧問團和智囊團來幫助自己進步。每個人都想成功和進步，但是都冀望於外面力和影響力來改變我們。其實，每個人都具備有成功的能力等待自己去培養去發揮。在第四章中，我們一起學習訓練和激發無比的潛力。

第四章 訓練和激發潛能的控制系統

成功人士所具備的十五項好習慣，可以藉由個人訓練完成它！
你知道嗎？好習慣的養成是所有潛力的來源。

4.1 人類潛能二〇一一操作系統

在前一章，我們瞭解每個人都具備有體能、智能、情感和精神四項的天賦本能，也學習了四大能力所產生的影響力。這四種能力就像上天所埋藏給人類的能源，石油、天然氣、風力、水力、太陽能等，等著我們去開發、去享用。問題是如何去訓練和激發這些上天所賦予的潛力呢？如果我們沒有開發一套個人潛力系統，這潛力就像太陽能、風力、水力被浪費掉，十分的可惜。

要訓練和激發個人潛力，必須有一套系統，就像電腦操作一樣，一部電腦可以神奇的呈現不同的功能，像圖形、文字、音樂、電影等，這些功能的呈現，主要靠一套非常完整，功用齊全的操作系統。

・習慣造就潛力

同樣道理，要訓練和激發人類的潛力，每一個人必須有一套操作系統，作者稱為人類潛能二〇一一操作系統，所有潛能必須經由這套系統才可以將無止無盡的個人能力發揮出來。如果追求勝人一等的做事能力，個人必須有一套快速、有力的操作系統，才能夠不斷的、有效的放射出個人能力。如果一個人發現自己的操作系統不是最即時的、無法跟上時代，就必須立即更換。個人必須隨時保持最先進的系統，才可以在二十一世紀中成功。

這套操作系統包括三大步驟。這三大步驟是缺一不可，而且必須循序漸進，才能夠建立有效的系統。這套系統是作者綜合許多現代社會和心理學的研究結果，加上親身體驗所歸納而成。

・二〇一一操作系統的三大步驟

- 習慣的養成是所有潛力的來源。

- 習慣的養成是經由個人的選擇。
- 自然不變的定律會決定個人選擇的結果。

這三個步驟構成操作系統，就像軟體一樣，不同的軟體程式，就會在這三個步驟中產生不同結果。個人要建立一套強而有力的操作系統，必須瞭解每一步驟的真義。然後，寫出最好的操作系統軟體，成功發揮個人獨特的潛力。現在，我們一起仔細研究這三大步驟。

一、二〇一一操作系統第一步驟：習慣的養成是所有潛力的來源

如果我們要改變、訓練和激發能力，我們就必須改變習慣，將不好的、沒有效率的習慣，改變成好的、有效率的習慣。什麼是習慣？習慣的形成是我們大腦中樞神經不斷的反覆相同的反應。這重複的反應，累積一段時間後，就變成直接反射作用。大腦不需要思考，就有直接的反應，這就是習慣。

在現實世界中，個人所表現出的作息，外表，言論，思考……，都是由個人習慣所支配的。即使有時候個人可以用意識去左右習慣，但大多數的行為仍被習慣和潛意識控制。

㈠大腦的反應系統和習慣的養成

人類的大腦是一個不可思議、奇蹟似的器官，這個器官是上億、上兆的細胞、神經和神經末端所構成。人類大腦可以執行幾兆個不同的反應，可以創造出無止盡的功能。當大腦受到感應和刺激時，就會經過複雜的細胞和神經末端通路，產生不同的行為和反應。當我們大腦對於相同的刺激、感應，產生固定細胞和神經末端相同通路，久而久之，這個固定圖形的通路就是習慣。

假設，今天我們有一具很高解析度的腦波檢測器，可以描述到整個腦波的通路，那麼我們可以看到習慣形成的過程就像圖4–1和圖4–2一樣。

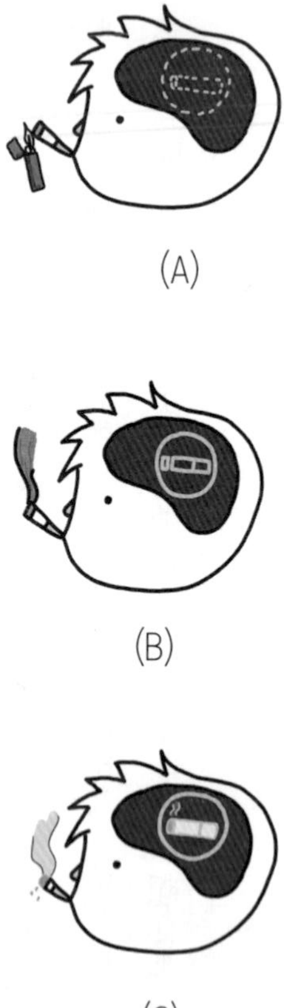

◎圖4–1　抽菸習慣在腦波中的形成圖

◎圖4-2　運動習慣在腦波中的形成圖

從圖4-1和4-2假想的腦波圖，很清楚描述了習慣的形成過程。以圖4-1抽菸習慣為例，在開始抽菸時，這個人看到菸，就會在大腦產生一個固定的反應圖形，剛開始這個圖形不是很清楚，但是經過一年後，同樣的腦波反應圖就更清楚。三十年後，這腦波圖形就加深了很多。抽菸的反應，就成了大腦的反射動作，完全不需要思考。這也是為什麼習慣愈久，就愈難改變，因為要除去或者更改已經深植大腦的腦波圖形是非常困難的。

如果要改變習慣，必須改變大腦反應的通路和圖形。雖然一些舊積習有很深的痕跡不易改變，但經過努力最終仍是可改變的。就像我們開車在泥土路上，我們很容易就陷入那些舊又深的車輪凹痕中，但是我們也可以選擇新的通路，重新創造屬於自己的道路。只是習慣愈久，痕跡愈深，就需更多的努力和毅力去改變，當然，最好改變習慣的時機，就是習慣尚未形成之時，像圖4–1(A)及4–2(A)圖案痕跡十分微弱，改變就十分容易。

名人格言

The beginning of a habit is like an invisible thread, but every time we repeat the act we strengthen the strand, add to it another filament, until it becomes a great cable and binds us irrevocably in thought and act.

在開始時，習慣就像一根看不見的繩子，但是，每當我們重複一次，我們就加強繩子的強度，也增加更長一條繩索。最後，這根繩子變成了大鋼索，造成我們無法控制的受到習慣左右去思考和行動。

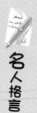

二十世紀美國作家馬登(Orison Swett Marden)

(二)成功／快樂和不成功／痛苦的比較

為什麼具備好習慣那麼重要?當我們比較成功和不成功的個人因素時，科學數據和事實很清楚的指出它的不同：因素不是取決於家庭背景、教育高低、資質天賦、社會地位和能力。雖然這些因素都會產生不同等級的影響，但從所有學者專家研究結果顯示，最重要的因素，是成功的個人有較多的好習慣，這些好習慣可以激發出四種人類的能力；相反的，不成功的人卻受到許多不良習慣牽制著。習慣成為個人操作系統的大腦，個人的行為、舉動經由習慣，不自主的表示出來。好的習慣發揮四大能力，成為每天生活的一部分，毫不費力的走在成功的道路上；不好的習慣卻阻止個人的潛力，成為成功的障礙，生活就像逆水行舟一樣，非常費力辛苦，也沒有效率，事倍功半。

二、好習慣與壞習慣

(一)好習慣

美國著名作家拿破崙希爾(Napoleon Hill)在暢銷書《創造富有人生》(*Think & Grow Rich*) 中，研究包括美國鋼鐵大王——卡內基(Andrew Carnegie)在內幾百位成功人士的習慣。在希爾研究的富有、成功人士中，不論在學術界、企業界、藝術界、政治界、體育界，成功人士擁有的十三項好習慣是一般人所欠缺的。希爾建議每個人必須學習這十三項習慣，個人就會向成功道路大步行進。作者將這十三項習慣擴充到十五項，並且稱它「十五門成功必修學分」，或稱為「十五門成功必須的好習慣」。以下是「十五門成功必修學分」的描述。

體能方面

培養方式包括多運動，注重飲食和睡眠，有正常休閒活動等。

好習慣 1　具有高度成功的慾望

美國八面奧運金牌得主菲爾普斯(Michael Phelps)有著極高、極大的成功慾望。這慾望創造歷史，並使他成為奧運最偉大的選手。

好習慣 2　高人一等的自信心

美國前總統雷根(Ronald Regan)對美國國民和本身有強大的信心。即使在總統任職初期，經濟蕭條，加上社會問題，和自己被暗殺的陰影，他仍相信美國最好的時刻尚未到來。因此，持續減稅和內需政策，創造美國更輝煌的歷史，雷根也成為美國史上偉大總統之一。

好習慣 3　堅持到底，永不退縮的精神

臺灣棒球選手郭泓志在美國職棒大聯盟奮鬥許多年，由於受傷以及適應美國環境因素，他的大聯盟之路十分艱困。他秉持著臺灣棒球堅持到底的精神，二〇〇八年在道奇隊中傑出的投球表現，讓他獲得大聯盟最佳救援投手的榮譽。

好習慣 4　堅強的個人紀律

美國投資大王巴菲特(Warren Buffett)在投資的策略中，一直秉持著堅強的個人紀律，只投資自己瞭解與熟悉的股票和產業。在二〇〇〇年網路股票泡沫化之前，巴菲特因為沒有擁有任何一張網路股票，而被批評為過時的投資家。可是，事實印證，巴菲特個人的紀律才是他成功最大原因。

智能方面

培養方式包括多讀書、多用腦力、培養不同思考方式等。

好習慣5　特殊的技能和知識

棒球選手王建民、籃球明星球員喬登(Michael Jordon)成功的因素，是因為有特殊的棒球和籃球技能。因此，在他們競爭的職業中，高人一等，成為成功的明星球員。

好習慣6　詳細計劃的人生方向

愛因斯坦(Albert Einstein)在發明相對論後說過，上帝不會是拋骰子，才創造人類和世界。人生不是賭博，不能靠運氣來完成目標。成功人士必須有計劃，訂出時間表去完成人生目標。

好習慣7　不斷訓練腦力、增加知識

牛頓(Isaac Newton)在發明地心引力物理程式、微積分、牛頓定理、解釋大自然現象後，一直沒有停止學習，直到他八十五歲時仍然活躍在科學界、物理界，不斷涉獵新知識新科學。

好習慣8 學習自我激發，看到別人看不到的

當年可口可樂創始人坎德勒(Asa Griggs Candler)用他一生積蓄五百美元買了一個壺子和一張手寫的祕方。他看到別人所看不到的龐大飲料市場，創造了可口可樂的王朝。同樣的，麥當勞(McDonald)的創始人克拉克(Ray Kroc)買下低廉餐館做漢堡的流程和經營方式，由此營建了世界上最大的速食王國。他看到未來速食餐廳的無限商機，他搶先一步看到別人看不到的。

◎情感能力方面

培養方式包括呈現最真實一面，培養正面情感，關照、幫助別人，建立人際和情感關係等。

好習慣9 有核心團體和智囊團

美國鋼鐵大王卡內基(Andrew Carnegie)在他經營鋼鐵企業中，從開始就有一群能力高超、不同才能、可以相信而且不害怕和卡內基有著不同意見的團隊來輔助他。一個成功的人士必須有習慣性的圍繞自己全世界最好的團隊。

好習慣10　有過人的心理力量

伍茲(Tiger Woods)被公認為高爾夫球界最偉大運動員，他成功的因素不僅僅是高超的球技，而是過人的心理力量。這心理力量愈在關鍵、有壓力的情況下，愈會顯現出來。伍茲從來沒有在最後一天比賽中被對手後來居上，搶下冠軍，就因為他有過人的心理力量。

好習慣11　培養利用潛意識力量

愈成功的人士，除了愈瞭解意識力量外，更懂得應用潛意識力量。大文豪馬克吐溫(Mark Twain)是最佳的例子。馬克退居到荒島、無人接觸的地方，培養與應用個人的潛意識去發揮無比力量，頓時文思泉湧，寫下世人稱讚的文學著作。

好習慣12　勇於下決定，並徹底執行

美國開國元老亞當斯(Samuel Adams)在做決定發表美國《獨立宣言》時，其實是關於他自己生死的決定。當時，英國政府賄賂他，希望他不要發表宣言鼓吹獨立，如果他

不接受英國政府的賄賂，將被處死刑。在這生死決定中，亞當斯選擇做對的事情，而不是對自己有利的事情。這個決定創造日後超級強國——美國。

精神能力方面

培養方式包括遵守承諾、遵從良心，建立正確人生觀，找出人生意義和目的，培養寬恕、厚道的態度，過著鼓舞的精神生活等。

好習慣13 培養第六感，善用想像力

大部分的人只用五種感應方式（聽覺、視覺、嗅覺、觸覺、味覺）。成功人士則具備有善用感覺和想像力的能力。發明拍立得(polariod)的美國發明家蘭德(Ewin Land)和蘋果電腦創辦人賈伯斯(Steve Jobs)是善用第六感的二位成功人士。蘭德用自己的想像力在頭腦描述拍立得相機的結構，結果，後來產品的外觀和結構和他原來在心中所描述出的產品一模一樣。賈伯斯則是在腦中，畫出了蘋果電腦的長相，這由賈伯斯的想像力所創造出的蘋果電腦和實際的產品幾乎完全一樣。

好習慣14　提昇人生的目標和目的

所有成功的人士都有一項共同的習慣，那就是提昇人生的目標和目的，用以激發成功、貢獻的原動力。全球首富微軟創辦人比爾蓋茲(Bill Gates)將所有財產成立基金會，並且在二〇〇七年完全投入管理基金會，為消滅全球疾病和貧窮的目標，貢獻本身所有財富、時間和精力。

好習慣15　對人生沒有害怕和恐懼感

成功的人士並不是沒有害怕和恐懼感，而是選擇面對害怕和恐懼感，一直到它們消失為止。七次法國腳踏車公開賽冠軍選手——美國的阿姆斯壯(Lance Armstrong)在面對癌症、死亡的恐懼感下，選擇面對它，並且轉變成自己成功的推動力。在得到癌症之前，阿姆斯壯只是一位平凡運動員，從來沒有在腳踏車比賽占有一席之地。但他成功的將害怕和恐懼轉變成競爭，成功的影響力，完成創歷史的七次冠軍紀錄。

(二)壞習慣

所有和以上所描述「十五門成功必修學分」相異的習慣、藉口，讀者都應該盡量避免，才可以成為成功人士中的一份子。如果，讀者有計劃，持續的培養這十五項好習慣，避免不同的壞習慣。一年、二年、五年或十年以後，你會很驚訝的發現，其實這些習慣都是每天生活、工作的一部分，就像空氣和水一樣。有優良的空氣和水才有健康的人生，每天吸取優良的空氣和水分是天經地義的選擇。

好、壞習慣與成功的關聯

綜合以上所述，如果我們用圖形來顯現成功、失敗和習慣的關係，就像圖4–3。

當然，圖4–3只是代表性的比較，是由許多社會科學研究結果綜合而成。而且在四種人類能力，所需要好習慣的比率也不盡相同。如果個人注重於成功，那麼需要智能、體能和情感力的好習慣；如果個人著重於快樂，那麼在精神力和情感力的好習慣比率就必須增加。圖4–3用大角度的方向來觀察二組人：成功快樂的人與不成功痛苦的人。

在圖4–3很清楚的看到，成功快樂的人和不成功痛

◎圖4–3　好壞習慣與成功失敗間的關係圖

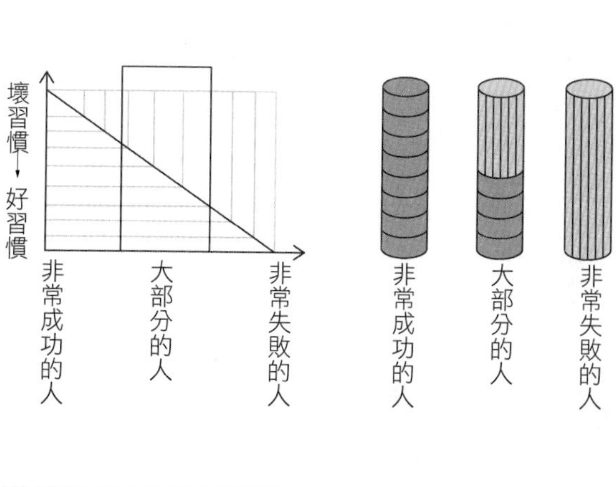

苦的人主要被好習慣和不良習慣的比例所掌握，愈成功快樂的個人，有愈多的好習慣，如果要啟發我們的個人能力，過著成功、健康、快樂的人生，我們必須培養更多的好習慣，也就是訓練自己培養好習慣往圖4-3的左邊方向行進。我們就可以增進成功、快樂、健康的機會，這也是人生追求的正確方向。

三、二〇一一操作系統第二步驟：習慣的養成是經由個人的選擇

人類潛能二〇一一操作系統的第二個步驟是習慣的養成是經由個人的選擇，個人有自由和力量去做所有的選擇。在前面章節我們學習到習慣的形成是經由大腦持續刺激和反應所形成的獨特通路和圖形，每一種習慣在大腦的反應中有它個別通路。

為什麼不同的人會有不同的習慣呢？對同一個習慣，以吸毒為例，為什麼有些人用盡各種方法都無法戒除、執意去做，直到傾家蕩產、身敗名裂。有些人卻是絕對不會去碰它。其實，習慣的養成都是個人的選擇，而且每個人有自由和力量去決定和改變所有的選擇，這一個步驟是人類潛能二〇一一操作系統的關鍵。

就像操作一部電腦一樣，軟體和硬體提供電腦所有的功能，個人是執行電腦功能的關鍵，個人有能力和選擇去決定每一步操作。我們必須瞭解個人有自由和力量去選擇好

習慣和壞習慣，改變自己去激發出上天所賦予的潛力，沒有人可以阻止我們做這個選擇，也沒有人可以替我們完成。

名人格言

One ship drives east and another drives west with self same winds that blow. This is the set of the sails. And not the gales. That tells us the way to go. Like the winds of the sea are ways of fate; as we voyage along through life. Tis the set of a soul. That decides its goal. And not the calm, or the strife.

在同樣的風中，一條帆船駛向東方，另一條駛向西方。決定帆船方向的不是風的方向而是風帆。在我們人生中，風就像命運一樣跟隨在身旁。但是決定我們目的地的不是平靜或者澎湃的風向，而是個人的選擇。

美國詩人科克斯(Ella Wheeler Wilcox)

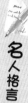

(一)我們是如何去做選擇的？個人是如何選擇習慣呢？

其實每個人在做每一項選擇時，大腦會比較痛苦和快樂指數。當大腦腦波快樂指數大於痛苦指數，就會決定去做；相反的，如果痛苦指數大於快樂指數就會放棄，決定不做了。

這痛苦和快樂指數決定大腦選擇是什麼意思呢？其實道理相當簡單。以前面抽菸習慣為例，癮君子的痛苦和快樂指數在大腦是如表4–1描述的。

＊表4–1　癮君子與從來不碰菸的人對抽菸在腦中的快樂與痛苦指數

	抽菸（癮君子）	從來不碰菸
快樂指數	・飯後一支菸快樂似神仙 ・有男子氣概，帥氣 ・有選擇抽菸權利 ・忘記痛苦和煩惱 ・可以減肥	除了有選擇抽菸權利外，沒有任何快樂指數
痛苦指數	有時候有口臭、不良味道	・肺癌、心臟病 ・口臭、大家討厭 ・牙齒和身體不健康 ・造成環境汙染 ・成為後輩不良示範

同樣的抽菸行為，癮君子大腦中所帶來的快樂指數遠大於痛苦指數，因此每次看到菸，就是選擇抽菸。因為菸帶來無比的快樂，沒有痛苦指數可以取代的；相反的，從來不碰菸的人，痛苦指數中有肺癌、身體健康問題和環境汙染問題，這痛苦指數也遠大於快樂指數，因此就選擇不抽菸。同一件事情對每個人的影響不同，造成完全不同的習慣。

現在，我們瞭解個人決定習慣行為的過程——大腦接收到行為的資訊（抽菸、吸毒、生氣、高興、運動……），進一步在人體的儲存資料庫接通，然後進行快樂和痛苦指數比對。如果快樂指數大於痛苦指數，就會去做；相反的就會停止。因此，個人選擇的過程就像圖4-4。

就像圖4-4所描述的過程。當個人決定行為之前，首先步驟(1)腦波要求個人決定選擇，接著進入步驟(2)，

◎圖4-4　決定習慣行為的過程

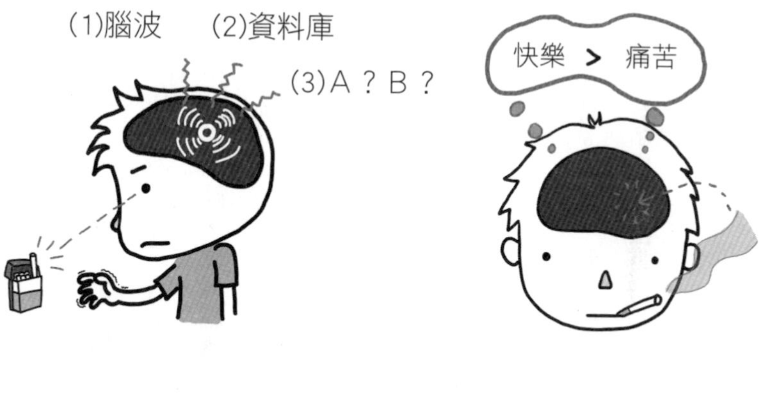

大腦會自動於進入個人習慣儲存資料庫中去提出(A)痛苦指數和(B)快樂指數。然後進入步驟(3)，當(A)>(B)也就是痛苦指數大於快樂指數，個人就下決定去停止這項習慣；如果(B)>(A)就會很高興的去執行。每一種行為都經過像圖4-4的過程，每天每個人都會經歷幾萬次這種過程，有些是與生俱來學習的習慣，這思考過程幾乎是同時的，不需要思考的，像碰到熱水，馬上縮回手。有些後天培養的深根習慣，反應時間也非常的快，就像抽菸習慣、讀書習慣、運動習慣、思考方式等。另外一些正在學習和漸漸形成的習慣，個人決定過程就會需要時間去完成圖4-4的步驟。有時候如果痛苦指數和快樂指數相當，在很薄弱的習慣養成之前，個人很可能會花很大心力和時間，甚至很困難、痛苦的決定是不是要做。在不同時間、地點，決定的結果經常是不同的。例如先前所用抽菸的例子：在成為癮君子前，個人在抽菸上痛苦指數和快樂指數相當，有時候會幾天不抽菸，有時候卻菸不離手，完全視當時個人處境和心態所影響。

因為所有個人選擇的習慣和行為，都取決於痛苦指數和快樂指數。所以，我們要改變不良習慣成為好習慣，以便發揮個人的潛力，必須由改變痛苦指數和快樂指數做起。也就是個人必須改變大腦儲存資料庫資料，才會改變個人的選擇。

名人格言

I conceive that pleasures are to be avoided if greater pains be the consequences, and pains to be converted that will terminate in greater pleasures.

我瞭解一個人會設法去避免快樂，如果這快樂會造成更大的痛苦。相對的，也會設法改變痛苦，如果結束這痛苦，會造就更大的快樂。

十六世紀文藝復興法國作家蒙田(Michel De Montaigne)

㈡大腦儲存資料庫（痛苦和快樂指數）的形成

個人痛苦和快樂指數有著很大的不同，這也造成個人有非常不同的習慣。而這痛苦和快樂指數的形成主要是由三部分而來。

先天性的影響

大腦儲存資料是從小不斷學習而來，經過多年累積而成，並一直不斷的更新。不同宗教、文化、背景、社會、種族都會影響儲存的資料。這儲存的資料就成為個人信念。

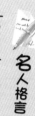

信念主宰於個人的選擇和決定。在表4–2列出一些影響我們痛苦和快樂指數資料庫之先天性影響因素。影響因素來自於宗教信念、種族文化、教育、時代、政治、社會不同根源，然後經由2.3節信念的五個不同培養方式成為個人獨特的痛苦和快樂指數資料庫，由於這些因素造成個人有許多不同反應和選擇，而形成不同的習慣和行為。

＊表4–2　影響痛苦與快樂指數的因素

影響因素	痛苦和快樂指數資料庫
宗　教	回教不吃豬肉；佛教不殺生；佛教有來生；基督教不崇拜偶像……
種族文化	東方人聰明、數學好；西方人活潑熱情；非洲人運動好；勤勞是美德、孝順……
教育／學歷	毒品會造成腦部傷害；抽菸會造成肺癌；人人生而平等、自由；宗教自由；人權；環保重要性……
時　代	抽菸很有男子氣概；男子為主流社會；男女平等；反戰；全球暖化；種族平等……
政治／社會	墮胎合法化；死刑罪；民主和極權；人權標準；自由平等；經濟政策……

名人格言

If you are distressed by anything external, the pain is not due to the thing itself but to your own estimate of it. And this you have the power to revoke at any moment.

如果你因為外來的事情感到沮喪，這痛苦並不是因為事情本身，而是你自己心理的反應。而且你個人有力量在任何時刻去廢止這痛苦。

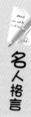

一六一～一八○年羅馬王朝國王奧里留斯(Marcus Aurelius)

後天學習的影響

第二部分決定大腦儲存的快樂和痛苦指數，是由於後天學習而造成。後天學習的影響有時候可以改變由先天性影響所形成的快樂和痛苦指數。

舉例來說，對減肥的觀念在一九九○年代前與後，所產生的痛苦與快樂指數截然不同。看表4-3在一九九○年代前，照著華人對減肥與健康的認定，只是依照先天的觀念支配胖有福氣的快樂指數，很容易繼續大吃大喝不做運動，因為快樂指數並沒有大過痛苦指數。相反的一九九〇年代後，對於減肥與健康的認知有更多的瞭解與學習，加上醫學的進步，後天的學習讓觀念改變，痛苦與快樂指數也改變，行為與習慣跟著改變。因此，除了許多先天的影響外，後天的學習會改變個人的痛苦和快樂指數，並進而改變習慣。

＊表4–3　一九九〇年代前後華人對減肥認知的改變

	一九九〇年代前	一九九〇年代後
快樂指數	沒有什麼快樂指數	·減少糖尿病和高心壓和心臟病危險 ·做事有活力 ·過著健康生活 ·可以享受人生 ·胖就是不好看
痛苦指數	·瘦了就不好看，胖才有福 ·沒有美食的享受 ·運動的疼痛 ·必須過正常生活，無不良習慣	·飲食的節制 ·強迫自己運動 ·必須有毅力去過有規律健康生活

可變因素的影響

除了前面所討論的先天和後天所形成的痛苦和快樂指數，許多可變的因素也會影響到痛苦和快樂指數及最後的決定和選擇。這些可變的因素可以產生重大影響，因而改變個人原先存在大腦痛苦和快樂指數的資料庫，造成個人既定的行為和習慣的改變。因為這可變因素造成的影響力非常的大，我們必須瞭解它的存在，而且善用它成為培養好習慣的另一項有力的工具。在討論這些可變因素前，作者首先介紹人類行為激勵六種不同方式。

·人類行為的激勵效率

人類在某些刺激下，會增加刺激速率，產生極大的影響。有時可以完全改變人類的反應方式，將痛苦差事轉變成快樂的經驗，進而產生無比的正面力量。通常這類的激勵方式和效應可以分成六大類，它的效應也由上往下遞減。

對異性的衝動

個人如果可以轉化對異性的衝動成為做事和習慣的養成，這異性衝動所形成的效果將會非常的大，例如說女為悅己者容，同樣的，男性最大的動機是去討好自己喜歡的女人，這女人可能是母親、太太、女友、陌生人，或者心儀的人。

愛或者被愛

由於配偶、父母、朋友、親戚、同學、師長，甚至陌生人的愛護、關懷，或者對人的愛護和關愛，都可以產生極大的個人激勵反應，鼓勵個人去完成工作。

名利、金錢與權力等各種慾望

成為有錢人、名人、影星、歌星、企業家或老闆的慾望。

對同伴的友誼和信任

這種行為激勵方式最常見在軍中，為了同袍，出生入死，尤其在特種部隊，友誼和信任程度愈高，所產生的推動力就愈大。

害怕

許多人因為害怕貧窮而努力工作、賺錢；因為害怕死亡、病痛而運動。因此，應用害怕也可以成為行動的激勵方式。但害怕也是必須小心的激勵方式，因為害怕可能造成痛苦和悲傷的人生。

藥物、酒與毒品

利用這些麻醉方式，也可以激勵人類行為。許多作家、文學家的偉大作品是在酒精或藥物影響下所完成。但是這種方式非常危險，很容易就身敗名裂，不可收拾。

‧運用各種激勵產生效應的例證

以下介紹幾個例子並對照激勵方式和效應：

電影《桃色交易》——人類激勵影響第三項：名利、金錢與權力等各種欲望

有一部美國電影《桃色交易》(*Indecent Proposal*)，男女主角是有名的演員勞勃瑞福(Robert Redford)、伍迪哈理遜(Woody Harrelson)及黛咪摩兒(Demi Moore)。劇中勞勃瑞福提供一百萬美元代價要求和伍迪哈理遜的太太黛咪摩兒一夜春宵。這個決定和選擇就是可變因素可以影響痛苦和快樂指數和最後的選擇的最好例子。如果，男主角出價是一千美元，那丈夫是一定不會答應了。因為痛苦指數遠大於快樂指數，如果出價一千萬美元或更多，那麼也許那丈夫就很容易答應了，因為一千萬美元的快樂指數遠高於痛苦指數。在片中，一百萬美元的代價，是剛好在快樂和痛苦指數呈現拉鋸的情況，很難去決定。同樣的決定，也有丈夫即使是一千萬美元或者更多錢也不會答應，因為道德和社會觀點所帶來的痛苦指數不是任何金錢所能夠取代的。也有一些丈夫，也許是十萬美元或更少就可以滿足，讓他的快樂指數大於痛苦指數，然後就答應了。

戒菸的例子——人類激勵影響第二項：愛或者被愛；第五項：害怕

如果你是有三十年菸癮的老菸槍，對你而言抽菸就具備很高的快樂指數，抽菸是人

生一大享受，你不覺得抽菸有什麼不對，也不相信抽菸會造成健康的問題。你的朋友告誡你戒菸，朋友的告誡雖然增加了你的痛苦指數，但是還是無法改變你抽菸的選擇；然後，你的子女告訴你抽菸的壞處和對健康的憂慮，子女不希望你因為抽菸而引起心臟病、肺癌等而失去你。突然間，你決定是否抽菸的痛苦指數增加了許多。有些人因為子女的關心而戒了菸，也有人還是沒有辦法戒掉。這些無法戒菸的人，有一天醫生告訴他們如果再繼續抽菸，就只剩二～三年的生命，你害怕死亡，就在這個時候，你的痛苦指數遠大於快樂指數，基於害怕你才能戒了陪伴你三十年，從來不覺得可以戒掉的習慣。

大學橄欖球隊的訓練——人類激勵影響第一項：對異性的衝動

大學橄欖球隊有許多非常痛苦的訓練，例如沒有停頓與休息的長跑八十分鐘。對一群大學業餘球員而言，總是一件苦差事，為了減少痛苦指數，增加快樂指數，隊長會在長跑過程中，路過女生宿舍，並且在路過時大喊加油口號，這樣的舉動會吸引許多女同學出來觀看。很奇特的是，頓時所有球員的步伐更大、聲音更響，所有的疲勞似乎都不見了，而且路跑經過女生宿舍成為每位球員嚮往的一項訓練。

這美國電影、戒菸和大學橄欖球隊訓練的例子，說明可變的因素可以左右快樂和痛苦指數，而且是一項非常有效的方式。讀者在這章節學習到個人可以選擇和改變快樂和痛苦指數，然後改變習慣。這指數是由三項因素所影響，如以下公式所示：快樂指數／痛苦指數＝先天的影響(B)＋後天的影響(A)＋可變的影響(V)。要改變習慣，個人必須訓練可以隨著自己意願，隨心所欲的掌握快樂和痛苦指數。在培養好習慣時，掌握快樂指數大於痛苦指數；根絕壞習慣時，增加痛苦指數，經過這個程序，漸漸培養好習慣並且除去所有壞習慣，這些改變都是個人能力可以完成的。

名人格言

The secret of success is learning how to use pain and pleasure instead of having pain and pleasure. Use them, if you do that, you're incontrol of your life. If you don't, life control you.

成功的祕密是學習應用痛苦和快樂，如果你懂得如何應用痛苦和快樂指數，你就可以掌握自己的人生。否則，生活就會掌握你。

美國著名鼓勵作家和演講家安東尼羅賓斯(Anthony Robbins)

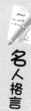

四、二〇一一操作系統第三步驟：自然不變的定律會決定個人選擇的結果

當個人做了選擇和決定後，自然不變的定律會決定個人選擇的結果；當個人做選擇後，一定會有相對的結果，這是一個定律。在學習物理、化學、數學知識時，都學習到自然法則，就像化學式H原子加上O原子就變成水(H_2O)，這些不變的定律構成了自自然世界。

·種瓜得瓜，種豆得豆

同樣地，這自然定律主宰我們個人的選擇和結果，就像你如果選擇抽菸，結果是傷害你的健康；如果選擇吸食毒品，你的神經和大腦就會遲鈍和退化。你如果選擇責罵和批評別人，你就會生氣不高興；相對的，你如果選擇信任別人，別人就會信任你。你如果選擇運動、注意飲食和休息，你的健康和體力就會增強；你如果選擇幫助別人、對別人友善，你就會高興。這就是我們所說的種瓜得瓜、種豆得豆，也是佛教所謂的因果關係。當我們著手於改變自己，培養好習慣，改變自己不良習慣時，就是在培養一個很重要的心理觀念。

我們看到許多不成功的人，一直在糟蹋自己的能力，這些人做了許多壞的選擇，然

後藉口否決自然法則，總是覺得自然不變定理只適用於別人而不是自己，所有自己做的事情，都是聽天由命，沒有因果關係。例如說好逸惡勞，但卻希望有財富和地位；抽菸、喝酒、縱欲，但卻認為自己可以成功、健康和長壽。我們發現不成功、不快樂的人通常會用以下方式來否定自然法則，來作為自己不求進步的謊言。

刻意否定自然法則

有些人認為所有事情發生都是靠運氣，有錢、有地位的人是因為運氣好，成功和受尊敬也是運氣好和時機對。成功與失敗完全取決於運氣和環境，不是自己可以改變和掌握的。

僥倖心理

有些人認為壞的結果只會發生在別人身上，不會發生在自己身上。因此，自己可以有很多不良的選擇和習慣，也不會有壞的結果。

逃避現實

有些人瞭解因果關係和自然法則的原理，也瞭解自己錯誤的選擇會產生不良的後果，因此選擇逃避現實，當自己選擇錯誤，產生不良結果後，不去處理就任其自然發生，那問題也就一直存在。

歸罪於他人

不成功的人最常使用這種方式去掩飾自己的問題。當壞結果發生後，先怪罪到其他人。時常聽到有人吸毒，卻怪罪父母親沒有給一個溫暖的家；自己財務出問題，卻怪罪經濟情況不好；子女教育不好，卻怪罪現代教育失敗等。

因此，人類潛能二〇一一操作系統第三步驟是決定個人成功、培養好習慣的重要步驟。個人在心理上，如果不去遵行第三步驟，個人就絕對不會有徹底、根本的進步。

4.2 如何去改變個人的習慣？

一、改變習慣的動機

在前面的章節中，我們學習了人類潛能二〇一一操作系統中的三大步驟。有了這套系統我們就可以應用來改變個人的習慣。通常個人習慣的改變發生在三種不同情況：

有重大事件、事故或者災難發生後

例如很多人在發現自己得了心臟病後，才開始改變運動和飲食習慣；有了肺病或肺

癌後，開始戒菸；或者失去親人後，才開始關心和關愛周圍的人。在這種情況下改變習慣是最容易的，因為這災難瞬時倍增了痛苦指數，但卻也是代價最大的。如果個人等待這個時候去改變習慣，人生將生活在非常險峻的狀況下，不可能有成功、快樂的前景。

受外界影響認為需要改變自己

有時候，因為個人觀念的改變和別人的建議，個人開始改變習慣。如因體重過重造成行動不便和健康問題，使得個人開始運動和注意飲食；由於醫生的建議和醫學教育，個人決定改變酗酒習慣等。大部分的改變都是屬於這一類，這是一種被動式的改變，但是如果不及時改變習慣，就會成為災難和重大事故。

建立個人改變和能力增進計劃

這種改變是最困難的，因為沒有任何理由需要人去改變。大部分的人痛苦指數和快樂指數比較，快樂指數遠高於痛苦指數，因此很難去改變。但是這種改變則是最有效率的改變。在現代人中，大部分人改變習慣都是被動的，只求生存，解決目前問題，不是一套積極有前瞻性改變習慣的方式。

這本書，要培養讀者贏在這一秒，培養和激發個人能力。主要是以第三種情況為主題，去規劃出一套有系統的改變個人習慣和潛力增進計劃，按部就班，有恆持續的執行。

雖然第三種方式困難度很高，只有少數人應用這種方式，但是，它所帶來的成功和快樂的指數比起所受的痛苦絕對是有過之而無不及的。

二、改變習慣的步驟

我們要改變習慣和培養好習慣，必須做到以下兩點：

㈠下定決心

改變習慣我們必須下定決心，然後告訴自己：

- 我們必須瞭解「事情一定要變」

你不可以每天做相同的事，執行相同的習慣，然後期待不同的結果。

- 認知自己必須改變

環境和別人不會改變來幫助你改變習慣，只有自己改變，才會達到所定的目標。

- 相信自己可以改變

改變習慣是一件具有挑戰性的事，但是，每個人都可以做得到，因此，在著手執行前，你必須相信自己可以改變。在個人下定決心，接受挑戰前，在心理上必須瞭解「事情一定要變」，而且「我必須改變」加上「我可以改變」。

．選擇人生的路徑

那麼，你就在像圖4–5所示的上方（好習慣）途徑上。在這個途徑是向上爬，需要毅力、勇氣和堅持。這個途徑比較少人選擇，但是它卻帶領個人去發掘自己天賦的潛力，去尋找享受快樂、充實和成功的人生。另一條途徑很簡單輕鬆，不需要勇氣、毅力、勞力和個人的挑戰。很多人選擇這條途徑，每日隨波逐流，沒有方向和目標，最後，波浪和自然力量會將你吸到失敗、抱怨和空虛的人生深淵中。

◎圖4–5　人生的選擇和目的地

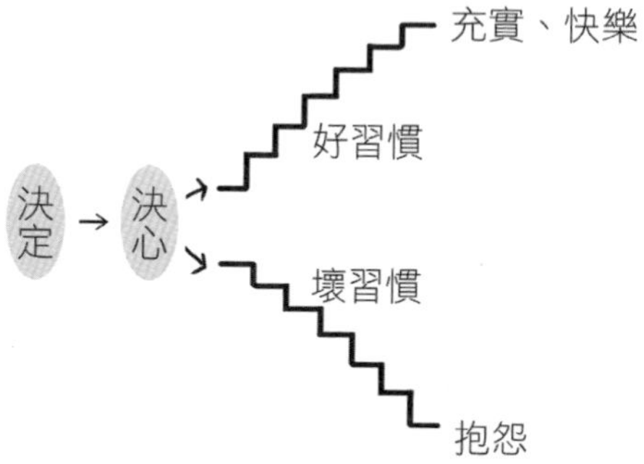

名人格言

It is in your moment of decision that your destiny is shaped.

就在你下決定的時候，你的命運就因此而成型。

美國著名鼓勵作家和演講家安東尼羅賓斯(Anthony Robbins)

(二)開始執行

在我們下定決心去改變習慣，啟發個人潛能，朝向充實、快樂和成功的人生途徑之前，你必須有一套有效的改變習慣的步驟。以下是改變習慣的五大步驟，只要按順序、持續不間斷的執行，你就可以達到目標。

決定什麼習慣是你最需要的？什麼因素讓你無法著手執行這個習慣？

以運動習慣為例，無法養成習慣的問題在於沒有時間和合適的運動，因此在你開始決定運動習慣以前，必須除去時間不足和運動項目這兩個造成你限制自己運動的因素。例如將每天看電視或電腦的六十分鐘轉變成運動時間，你可以加入健身房訓練課程，或和朋友一起實行慢跑或快走的訓練。

在決定什麼習慣是你要改變的，除去所有阻擾你改變的因素後，你就可以執行下一個步驟。

改變你的痛苦和快樂指數

如果你決定運動，你必須提昇運動的快樂指數和減低運動的痛苦指數。在你大腦的資料儲存和相信系統，必須應用在第四章所學習的改變大腦的資料儲存和相信系統。如此，你就可以將原來令你覺得是苦差事的「運動」，變成樂此不疲的活動，並且快樂、充實、健康的過每一天。除了以上所舉的例子以外，所有習慣都可以經過改變大腦內痛苦和快樂指數，再加上應用可變的因素，讓大腦反覆不斷的去支持好習慣，拒絕不良習慣。

開始行動和執行

有了上述兩個步驟後，個人就必須去行動。行動是完成所有目標的基礎，沒有行動就沒有結果。許多人準備好所有工作，也瞭解自己必須改變習慣，可是卻一日復一日，只說不做，這種人在現代社會中占很大部分。因此，成功改變習慣的關鍵就是行動，不管如何踏出第一步，接著再踏出第二步，那你就踏在成功的道路上。

獎勵自己，並持續完成下一個目標

譬如說當自己可以完成連續三天以上二千公尺長跑，沒有間斷，就給自己一頓豐富晚餐，或是一場好電影、音樂會等。這個步驟是養成新習慣最重要的步驟。很多人因為將目標訂得太高，不懂得慶祝每項小的成功和成就，很快就會產生挫折感，在幾次挫折感後，就放棄其實一直正在進步的習慣。

不懂得將新習慣的最後目標分段來執行，亦是造成失敗的原因之一。改變舊習慣，培養新習慣亦是同樣道理：一開始的時候，不要將目標訂太高；每當完成既定的目標，就獎勵和犒賞自己，然後提昇自己目標。如此不間斷的重複，個人就可以達成培養新習慣的目標。

堅持、持續的做下去，不要放棄

碰到障礙和挫折時，可以停止一下，調整步伐和目標，向一些有成功經驗人士請求教授良策，並鼓勵自己。然後再繼續下去，最後，成功就屬於你的。

名人格言

Two roads diverge in a wood, and I–took the one less traveled by. And that has made of the difference.

在林中的分叉路上，我選擇了人跡較少的道路前進。這個決定成為我日後成功主要原因。

美國詩人羅伯特弗羅斯特(Robert Frost)

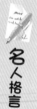

小結——往較少人經過的路前進吧！

讀者剛剛讀完第二篇（第三章與第四章）發揮潛能的驚人力量。在第三章，讀者學到許多人類潛能的例子和影響；在第四章，我們學習人類潛能二〇一一操作系統，學習如何去改變大腦的資料和相信系統，然後藉由改變和選擇快樂和痛苦指數去改變習慣。我們也知道什麼習慣需要改變，然後下定決心去改變，去走比較少人走的途徑，這人跡較少的途徑是成功人士的道路，它的目的地是充實、快樂、感激和成功的人生。接下來就要實際應用我們的所學，培養、激發體能、智能、情感能力和精神能力四大天賦潛能。

第三篇　發揮潛能的四大訓練

第五章　體能和智能的訓練——年輕和活力的泉源

青春永生不老的泉源?!

原來運動與持續不斷的學習和青春有關，體能與智能原來是培養成功人士的好習慣所不可或缺的訓練？

近代人追求年輕和活力不遺餘力，許多人用藥物、食物，甚至手術來換回青春，試圖尋找傳說中的"fountain of youth"（青春永生不老的泉源）。其實青春的泉源存在每個人天賦潛力中，伸手可及。在身體中，年輕和青春的泉源是來自生長激素分泌和肌肉不斷的成長，當個人停止生長激素的分泌和肌肉的成長，我們就開始老化、衰退。許多人在年輕時努力工作，中年以後有了成就卻沒有辦法享受，自己的身體和衰退的智能變成了自己的囚房。許多現代人的毛病像高血壓、糖尿病、肝病、癌症、失憶症、腦疾、牙病等，接踵而來，造成寸步難行，每日生活在痛苦的多病環境中，完全無法享受成就所帶來的歡欣和快樂。

體能和智能的訓練就是個人年輕和活力的泉源。藉由持續、不間斷的體能訓練，身體會不斷的產生生長激素化合物，尤其是瞬時的重量訓練，所激發出的生長激素尤其可觀。從醫學數據證實，一個人如果持續保持體能訓練，一位六十歲的人尚可以保有二、三十歲年輕人的四肢強度和韌性。這持續的體能訓練，不但可以延遲老化，更可以創造驚人的活力和能量。同樣道理，智能的訓練注重不斷地加強腦部肌肉，感應神經運動。智能訓練不但可以加強腦部肌肉的強度，促進腦部再成長，還可以防止腦部老化、老人失智症，及身體失去協調、失聰等疾病。近代醫學更證實，經過不斷的腦力訓練，個人的智能可以比身體更長壽，智能可以永不枯竭，直到所有身體功能都喪失。

5.1 體能的訓練

一、定時運動

(一)運動的種類

有氧運動

有氧運動就是心肺的運動，可以藉由游泳、慢跑、爬山、騎腳踏車及球類等來完成。有氧運動和無氧運動最大的不同就是有氧運動是以消耗人體脂肪為燃料，而無氧運動則是消耗血糖為燃料。這種運動方式可以訓練人體的消化和循環系統，除去人體內多餘的脂肪和累積於血管壁內的脂肪，消除心臟病和其他器官功能失調的疾病。

有氧運動最忌諱激烈的運動，我自己就是一個最好的壞榜樣。幾年前我開始長跑，但因為工作和時間關係，每次一有時間就在最短時間跑最長距離，每次跑完以後，筋疲力竭，膝蓋和肌肉疼痛不已，必須休息一、兩個星期才足以恢復。我總是以為疼痛就表示運動有效。畢竟英文成語說"No pain, no gain"（沒有痛苦就沒有收穫）。在我瞭解有氧運動和無氧運動的區分後，我才知道這種運動方式是一項非常錯誤和不健康的運動方式。有氧運動應該是溫和、持續一段時間、慢慢增加心跳和運動強度，讓脂肪變成運動的燃料，讓氧氣隨時可以補充到所有肌肉和器官。理論上，正確的有氧運動，我們是不會感到疲勞，肌肉也不會酸痛的。因此，有氧運動每個人都可以做，視自己體能狀況，選擇自己喜歡合適的運動，持之有恆，如此，你每天起床後就精神百倍，一天的活力也很充沛。

無氧運動

這種運動主要的目的是增加肌肉和骨骼的強度。無氧運動就像舉重，伏地挺身、仰臥起坐等等。當我們在四十歲以後，肌肉的強度和骨骼的密度開始流失，人體主要生長激素也停止分泌。藉著無氧運動在瞬間給予肌肉短暫而且高強度的伸張和壓縮。這種短暫的肌肉壓力可以刺激人體生長激素的分泌，幫助減緩肌肉和骨骼的退化，藉由不時的肌肉伸張和壓縮可以訓練保持體格的強度和良好的身軀姿態，不會彎腰駝背。

伸展運動

除了有氧運動和無氧運動，保持身體柔軟和伸展度也是維持體能和姿態的重要運動。伸展運動包括體操、柔軟操、瑜珈、太極拳、氣功等。在做伸展運動時，如果加上深呼吸相互輔助，讓肌肉伸展開來，除去壓力，加上足夠氧氣補足到每塊肌肉和器官，所達到效果非常良好，不但培養筆直的身軀，更可以精神百倍，熱力十足。伸展運動可以成為日常運動的暖身或者恢復階段。用五～十分鐘暖身和恢復的伸展運動去配合例行運動，成效良好。伸展運動也可以成為每日不定時的簡單運動，在辦公室、休息室、車廂，都可以利用時間做伸展運動。

㈡運動時間和次數

每個星期至少做三～四次有氧運動，每次三十分鐘，可以在早上或者下班以後實行。如果時間不允許，也可以挑在中午午餐時間，做三十分鐘有氧運動。加上每個星期做二～三次無氧運動，每次三十分鐘，早上、中午、晚上任何時間都可以。

由於現代人工作繁忙，不容易挪出運動時間，因此除了固定有氧運動和無氧運動外，每天上班在辦公室，每二個小時挪出五分鐘，做一些簡單柔軟操加上練習深呼吸，舒解筋骨，減低工作壓力。出差等飛機時，找一個地方做做伸展操，將頭、頸、背、腰、手、腳做有效的伸展，促進血液循環。如此才不會因為長時間飛行，坐臥造成血液不循環，使身體產生不良影響。如果是在機場轉機時，利用時間將行李放在推車上，快步在機場走道上行走，如果走個一～二小時，這種運動量足夠去補足因為長時間飛行和時差所帶來的疲勞和體能的枯竭。

名人格言

We are not limited by our old age; we are liberated by it.

我們不會因為年齡而限制了體能運動。我們隨著年齡增長，更能夠完全自由的去掌握所有體能運動。

美國一千英里長跑健康專家

二、使身體保持在最佳狀態

㈠定期健康檢查

所謂預防大於治療，所有疾病，包括癌症，在初期很容易根絕，完全醫治。因此，每一～二年做一次定期健康檢查可以預防重大疾病發生。盡量撥出時間，不可因為工作或者其他因素，而延遲固定的健康檢查。這是增加體能的一項重要工作，絕對不可以忽略。

㈡身體的健康和保養

1. 眼睛的健康和保養

眼睛是靈魂之窗，就像電腦的螢幕一樣，如果沒有螢幕所有電腦內部軟體和硬體都無法顯現。人如果沒有健康的靈魂之窗，也會寸步難行，工作效率將大打折扣。眼睛的健康和保養必須：

◎避免看過多電視和電腦

根據研究顯示，現代人一天有六～十小時看著電視或盯著電腦螢幕，眼睛長時間暴露在電腦和電視的照射下，不但會損失視力，形成近視眼，嚴重的會造成重大眼睛疾病，像白內障、青光眼。盡可能少看電視、電腦。如果必須長時間使用電腦，則每隔三十分鐘讓眼睛休息幾分鐘，減少眼睛壓力，恢復眼睛疲勞。

眼睛運動

眼睛由不同肌肉和神經所組成，就像四肢一樣，必須不停的運動，才會保持眼睛肌肉的彈性，減少眼睛疾病，減低老化的速度。眼睛運動可以在任何時間發生，在辦公室、乘車、走路時，利用三百六十度轉動眼球，從上到下，由左到右，每次做一百～二百次，做完以後再用淚水將眼睛濕潤一番。如果每天持續這眼睛運動，就可以保持眼睛的健康。

定時眼睛檢查

每年做一次眼睛檢查，除了調整視力，配戴合適的矯正眼鏡，更需要檢查任何眼睛疾病的癥兆。許多人忽略眼睛定期檢查的重要性，一直到症狀已經到了後期，視力已經損壞，治療既費時費力，功能也大打折扣。

2. 聽力的健康和保養

近代社會中，機械和交通工具的噪音，對人類的聽力造成很大的傷害。近年來MP3和手機的流行，在飛機、火車、汽車、馬路任何地方，可以看到人人戴著耳機，耳機中所傳送的聲波近距離撞擊耳膜和其他組織。這經年累月的聲波短距離撞擊，產生聽力的損失和耳朵疾病。聽力是人們溝通的工具，沒有良好的聽力，個人就失去溝通能力，造成工作和生活的效率的降低。聽力的保養必須是日常生活的重點之一：

盡量避免高噪音地區

如果工作地區是屬於高噪音地區，可要求單位供應聽力保護措施和設備，如果經常坐飛機出差，可在飛機上戴上耳塞或者噪音消失機保護聽力。隨時有一副耳塞，當發現自己暴露在高噪音下就戴上耳塞保護聽力。

減少戴耳機時間

盡量減少使用MP3音樂播放機。如果使用的話，盡量降低音量。現代人將手機視為主要溝通工具，有時候一聊起來幾個小時，必須盡量避免，除非必要，否則減少手機使用，或用有播放器的手機，讓噪音和音量盡量遠離耳朵敏感的器官。

定時清潔和保養耳朵

定時使用少許植物油浸潤耳壁，然後用棉花棒清潔，如此可以保持耳朵的乾淨，也不會傷害到耳朵組織。

3.牙齒的健康和保養

一口健康、潔白的牙齒不但可以維持正常咀嚼功能，吸收均衡營養成分，更可以給個人外觀和內在自信心加分。東方人較疏於牙齒的保養，許多人有嚴重牙周病，造成牙齒脫落，或者因為吸菸、嚼檳榔、嚼菸草造成牙齒變色，也引起許多牙齒疾病。牙齒的健康和保養必須：

每日三次的保養

晚上睡覺之前的保養最重要，必須用牙線除去所有食物餘渣，加上漱口水，以消滅病菌，保養長時間睡眠牙齒和口腔的清潔。早上起床後，在用過早餐後，再次用牙線、漱口水清洗。每日第三次保養是午餐用後，用簡單牙線和漱口水去除食物餘渣，保持下午口腔和牙齒的清潔。

至少每六個月洗牙一次

每六個月的洗牙，固定將平日牙齒保養所無法清潔的地方，讓牙醫用專門技術清潔除去咖啡、茶所累積的汙垢。這些汙垢長年的累積，會造成牙周病和其他牙齒疾病。

每六個月牙齒的檢查

除了洗牙外，固定檢查牙齒生長情況，壞牙、牙周病等，以便及早發現預防和治療。

㈢均衡的飲食習慣，戒絕不良嗜好

華人以食為天，因此對吃非常的講究，吃必須是色、香、味俱全，到處都是美食佳餚。飲食的主要目的是提供身體所需的營養成分，而不是滿足口慾和胃腸。因此，飲食必須均衡，所有五穀雜糧、豆類、蔬菜、肉類、蛋、乳等都需要吸收。並且多喝水和新鮮水果、蔬菜汁以便增加流體含量，保持身體充分的循環和排除不良物質到體外。盡量少喝含糖分的飲料，因為現代肥胖和心臟病、高血壓、糖尿病和大量飲用高糖分、高人工添加成分的飲料有直接關係。

美國新健康研究發現，近代的心臟病和癌症（美國二大疾病殺手）與過分攝取動物脂肪有關。在現代社會中，生活豐裕，有許多大魚大肉的場合，容易暴飲暴食。美國營養學家建議改變飲食習慣，不需要每日攝取肉類和蛋白質，只要有少量足夠脂肪和蛋白質的攝取，多食用蔬果、堅果類以便降低血液中脂肪的累積。

另外抽菸、喝酒過量、毒品、藥品等不良習慣必須避免，因為這些不良習慣是人類健康和體能的殺手。

美國有一句諺語說"We dig our graves with our teeth and mouth."（我們用牙齒和嘴巴挖掘自己的墳墓。）這說明我們身體吃了許多高脂肪、低營養的食物，然後加上菸、酒精、毒品、藥物等由嘴巴進入身體汙染了我們身體和器官。我們糟蹋自己的身體，為自己挖掘墳墓。

有許多書刊教導人們如何選擇健康、均衡飲食，如何吸收不同營養，以及不良嗜好對身體機能的影響，讀者可以自行增加這方面知識，對個人體能的培養，會有很大的幫助。

㈣正常作息和練習隨時暫停和休息

人類的身體在連續幾小時不睡覺，或者長期處在睡眠不足的狀態下，就會失去思考和執行能力，更嚴重的整個人會完全處在無意識的情況，不但失去基本人體的功能，也將自己身體處於非常危險，可能喪命的狀態中。大家都有時差的經驗，由於生理時鐘的改變和再調整，幾個小時不同的時差，就會造成人體功能急速降低，體能狀態也處於十分疲勞和空虛的狀況下。因此，要維持充沛體能和工作活力，作息必須正常，有足夠睡眠和休息，隨時保持身體生理時鐘在最和諧和高執行能力的狀態下。

現代人由於工作時數及壓力，造成睡眠不良和不足，在會議和演講場合中，總是有許多人昏昏欲睡，完全沒有專注力，在這種情況下，工作效率幾乎等於零。除了每日正常作息外，隨時維持充沛體力，必須用短暫的暫停和休息來輔助。通常，我們一天的體力狀態受到時間和生理時鐘的控制，所以晚上睡覺時間我們會特別睏，有睡午覺習慣者，吃完午飯也會特別睏。早上起床後，第一個小時上班精神、體力和效率是最高的，在一個半～三小時後，體力和效率會降低到臨界點，如果不去補足的話，到了下午我們體力會完全枯竭，無法做事。這也是為什麼華人社會有「睡午覺」補充元氣，準備下午工作的習慣。但睡午覺不是一項最好的休息方式，在吃完午餐後，睡覺不但對胃腸蠕動產生不良影響，對口腔衛生也是會產生許多問題，因此在西方世界中，是沒有睡午覺的習慣。取而代之的，是多次短暫的休息。最好的方式是每工作二～三小時，撥出三～五分鐘練習以下短暫休息的動作：

- 停止所有工作和思考，讓個人的頭腦完全放空，沒有任何思考。
- 閉上眼睛，減輕眼壓和四周的壓力，用手按摩眼睛四周肌肉。
- 深呼吸讓氧氣滲透到身體每個部分。
- 慢慢鬆懈你自己，覺得身體緊繃的壓力慢慢消失了。
- 想想一些有趣的事或者笑話，這些事可以讓人微笑，或者哈哈大笑。
- 想想所愛的人，和一些你特別喜歡和快樂的經驗。

如果你能夠在每日工作時程中，每隔二～三小時應用這三～五分鐘的短暫暫停和休息的活動，你就可以隨時在體力枯竭以前，回復並且增強到最佳狀態。這三～五分的暫停，就像汽車的定期保養維持效果一樣，用很少的時間，卻產生極大效果。可以保持個人一天工作的精力、能力和效率一直處在最高點的狀態下。

㈤減輕和控制身體的壓力

醫學研究發現在人體中有兩種壓力，一種是好的壓力(eustress)，一種是不好的壓力(stress)。好的壓力就像無氧運動造成肌肉舒張和壓縮，可以刺激人體生長激素的分泌，也可以增強免疫系統和身體器官強度和功能；不好的壓力則是由於長期工作壓力，加上缺乏正常循環和消化，許多肌肉和器官在早期處於氧氣和養分不足的情況下，身體壓力開始慢慢的累積。這壓力會使個人體態由筆直變成彎曲，也會喪失體力。因為器官和肌肉受到長期壓力的影響，自己就容易有疲勞、生氣、失望等身體壓力所造成的現象。

減輕和控制身體的壓力必須由運動、正常作息和均衡飲食來著手，除此之外，也需要有個人的心理減壓方式。有關於心理減輕壓力的方式，讀者可以應用作者在前一本書《領導和管理5大秘密——如何創造一支勝利團隊》所提供的方式——抗壓手冊。自己可以準備一本抗壓手冊，當發現自己身體壓力開始累積，就研讀抗壓手冊，讓自己心理回到平衡的狀態下，減輕心理壓力，回復正面、積極的人生。

抗壓手冊有十條守則：

(1)不要對小事情發脾氣，其實每件事情都是小事情

同樣的，不要對小事情煩惱，其實每件事情都是小事情。

(2)當你碰到極大困難和挫折時，問問自己，這些事情，幾年後，你還記得嗎？

許多現在煩惱我們的事，很快的我們都會忘記了。如果是這樣，為什麼讓現在的困難和挫折擊敗你呢？

(3)把握你現在所擁有的，對你現在所擁有的，感到心滿意足

滿足自己現在的所有，不必和人比較、計較。快樂和幸福就會陪伴你。

(4)人類只不過是地球上的過客，一、二百年後，我們都會自地球上消失

人生其實非常短暫，把握每一分一秒，不需要浪費時間在煩惱上，立下自己方向和目標向前行，才不會辜負生命。

(5)不要讓負面的心理持續的累積，最後像滾雪球一樣，一發不可收拾

當自己被負面心理所掌握時，想想正面事情、快樂的記憶，讓負面心理盡快消失。

(6)記得讚美和批評的分界看似很模糊，有時其實是一樣的

不必太過在意別人的批評和責備，其實和讚美是相同的。做自己的本分，不在意別人的批評。也不必因為別人善意的批評和建議，造成心理負面的影響。

(7)記得人生是由許許多多試煉組成的，有時得高分，有時得低分，這是正常現象

人生一定有挫折和失敗，不必沮喪。從挫折和失敗中學習，然後再出發，成功和快樂就在眼前。

(8)不要讓別人或自己設定自己能力的界限

每個人的潛力是無窮的，研究發現個人最多只用了百分之十的能力。不要讓自己或別人設定了界限。

(9)每天撥幾分鐘，想想你關心的人

關心你和你生活中最重要的人，隨時保持他們在心中、腦中會幫助我們更快樂，隨時感到有依靠。

(10)把今天當成你在地球的最後一天

今天有可能是我們在地球的最後一天。用這種思考方式，許多困難或挫折就不是那麼重要。將每天當成人生最後一天，不要怕耽誤時間，做自己想做的事，而且今天就做。

除了以上十條心理抗壓守則外，許多注重於自我鼓勵和心理建設的書籍，作者建議讀者可以多加研讀。

・健康為快樂之本

人類身體是由許多非常複雜，不可思議的器官所組成。現代醫學研究結果顯示人類體能的潛力除了突破一千英里長跑、四分鐘十一英里的障礙，還可以完成許多不可思議的舞蹈、滑雪、跳傘、機車等高難度動作。如果我們可以維持持續的有氧、無氧運動，配合健康視力、聽力和牙齒保健，再加上正常、均衡的飲食和一套有效率的身體平衡和減壓方式，人類的體能和活力在六十、七十歲的時候還是可以和二十、三十歲的年輕人處於相同狀態。

當人類進入二十一世紀，嬰兒潮開始退休，有將近百分之二十五～三十的人口將超過六十五歲。如果，每個人可以注意和訓練身體、多運動、維持均衡營養、除去不良習慣。那麼這些所謂銀髮族不但不會成為社會和國家的負擔，反而可以用豐富的經驗，充沛的體能和活力，繼續為社會、國家和人民貢獻自己力量，創造更美好的明天。同樣的，青少年、青年人、壯年人，不管在什麼年齡階層，強健的人體是一切成功和快樂之母，如果要活在青春活力中，每個人必須學習這章所教導的，每天不停去做，最後一定會有滿意的成果。

名人格言

The human body is the best picture of human soul.

強健的身體代表了健康的靈魂。

二十世紀奧地利哲學家維特根斯坦(Ludwig Wittgenstein)

5.2 體能訓練培養成功好習慣

在第四章中，作者提出成功人士所具有的十五項良好習慣，稱為「十五門成功必修學分」，這十五門必修學分，可以由體能訓練培養四項好習慣。在表5–1列出它們的關係。

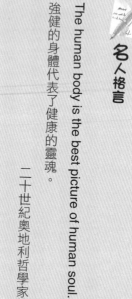

(一)具有高度成功的慾望

在體能訓練中，藉由參加比賽、個人訓練目標，可以有效率的培養競爭、求勝利和成功的慾望。在美國社會中，個人經常藉由球類、運動的項目從小培養競爭力和成功的慾望。就像奧運八面金牌得主菲爾普斯(Michael Phelps)藉由游泳訓練和競賽，培養個人高度成功的慾望。

＊表5–1　體能訓練與成功必修學分的關係

體能訓練	十五門成功必修學分
1.定時運動 2.身體保養：眼睛、耳朵、牙齒 3.均衡飲食 4.正常作息	1.具有高度成功的慾望 2.高人一等的自信心 3.堅持到底，永不退縮的精神 4.堅強的個人紀律

㈡高人一等的自信心

當個人維持定時運動，注意身體保養，加上均衡飲食和正常作息，所產生的效果是有活力、有體力、活潑、青春、外表筆直、意氣風發。這些正面的效果很自然影響到個人的自信心。因此，藉由持續不間斷的體能訓練，個人可以建立高人一等的自信心。自信心是所有成功的根本，可以化不可能成為可能，將失敗轉成成功。

㈢堅持到底，永不退縮的精神

許多體能訓練注重於持續性，必須一步一步的完成，沒有捷徑，不允許半途而廢。藉由這種體能訓練，個人就自然的養成堅持到底，永不退縮的習慣。長跑、長泳、長途腳踏車、長途登山都是很好的訓練。馬拉松跑步和橄欖球運動是作者所選擇的培養項目。這二項運動都非常嚴格，卻也最好訓練堅持到底，永不退縮的習慣。因為缺乏堅持到底的精神是不可能完成四～五小時馬拉松跑步和八十分鐘不停的橄欖球運動的。在觀察所有成功人士，這堅持到底，永不退縮的習慣是所有人的共同點，是走向成功的必備的習慣。

㈣堅強的個人紀律

在體能訓練許多運動像足球、籃球、高爾夫球、游泳等，都有比賽規則和裁判。如果你要參加比賽，就必須遵守規則，服從裁判。個人必須有堅強的個人紀律才能夠參加這些活動，才能夠有競爭力，才不會被裁判、教練和球員罰出場，或者拒絕你的參與。一位沒有紀律的個人，在現代充滿競爭、講求結果和效率的社會中是不可能成功的。

成功人士在現代職場遊戲規則的約束下，以個人堅強的紀律，本著守法，服從所有規定的做事原則，不但不受規則所束縛，反而成為個人的競爭的武器。因為，有紀律的個人可以在任何情況下輕易取代和擊敗沒有紀律的個人。各位讀者想一想，從體能的訓練我們不但可以具備高能量，有筆直身軀，沒有心臟病、糖尿病或其他疾病的恐懼，又可以培養優良習慣。這是一舉兩得，雙贏的機會。我希望你已經決定從現在起，下定決心，開始體能訓練，踏出快樂和成功的第一步。

5.3 智能的訓練

在我們生長的華人社會，對於教育的重視和智能的訓練勝過西方世界，甚至歐美先進國家。從小學開始英文和數學的補習，加上各種不同的樂器、書法、珠算等的練習。上了中學又開始理化等科目的家教。所有的訓練，都是為得高分，上明星高中，考上國立大學及研究所。就比例而言，華人大概是擁有博士學位最多的民族。然而這種填鴨教育、高競爭性、大家擠教育門檻的方式，並非最好的方式，也不是培養德智體群美五育並重的教育方式。

．廣泛閱讀，全方位學習

可以發現，一般華人在就業以後，除了工作和求職需要，繼續在本業進修外，其他本業外的知識和智能的取得，卻非常貧乏。大家可以觀察一個很真實的現象，在臺灣或者中國大陸的飛機、火車或者其他長途飛行工具上，除了少部分具學生身分者低頭讀學校或者補習班的教材，大部分的旅客都是聊天或閉目養神，如果在讀書的，也只是看看報紙雜誌。更有趣的是，年紀愈大，就離書本愈遠。相反的，在美國的火車上、機場休息室、飛機上，你會看到男女老幼，大家隨手都有一本書，隨時閱讀書籍，領域非常廣泛，包括人文、歷史、財經、文化、小說、科技、管理等。藉由閱讀書籍來養成「活到老、學到老」的習慣，並且藉由閱讀來補強個人的知識，開拓自己的視野，讓個人的智能能夠成為全方位性，而不僅限於本科和專長。華人也許因為求學時代填鴨式的教育，造成對閱讀和繼續求知的厭倦感。大學畢業時，華人的知識教育高西方人一等，但是工作十～二十年後，華人在全方位的智識，卻落後西方一大截。

在結束教育後，中止知識的求取和智能的訓練，實在是糟蹋造物者給予我們龐大的智能禮物。由於舊觀念和過時的論點，以為智能主要的決定因素是基因，是天生形成，後天訓練無法改變聰明才能和個人的知識能力，使很多人停止了智能的訓練。

一、醫學上建議訓練大腦的方式

現代醫學研究證實，智能(IQ)雖然和基因因素有關，但是決定個人的智能(IQ)的高低，則是後天訓練和培養出來。醫學研究告訴我們，大腦就像人體肌肉一樣，是需要訓練而且可以訓練的。其實大部分時間，我們大概只用到大腦百分之十的能力和容量，這也就是說其他百分之九十大腦的功能處於關機沒有運作的狀態下。尤其是在人們開始中止學習，大腦停止訓練和刺激後，大腦在面對問題和突然事件，會很自然的萎縮，原本只用百分之十的能力，將會變得更少，智能和解決問題的能力也相對減少了。現代醫學提供了許多訓練智能和大腦的方式。經過大腦的訓練，我們可以不斷的增加智能、記憶力、集中力和注意力，讓我們不但能擁有充沛知識，有過人記憶力，更可以訓練成像學生時代的專注集中，成為最佳的思考者。醫學科學研究建議大腦的訓練必須：

㈠學習新的事務和技能

因為大腦是肌肉和神經所組成，要訓練大腦的功能，我們必須學習新的事務和技能才能夠刺激和訓練不同部分的大腦肌肉和神經網路，增加大腦的功能和容量。就像第四章習慣養成道理一樣，訓練大腦不同的刺激和反應，就可創造大腦新的思考方式和圖案。

㈡學習一些挑戰性的事務和技能

就像肌肉訓練一樣，短暫和高強度的肌肉壓力可以促成肌肉的新陳代謝，培養出新而且更強壯的肌肉。大腦的肌肉和神經，也是相同道理，只有當大腦有足夠和適當的壓力和挑戰，才會產生更新、更高功能的大腦。

㈢漸進性的增加大腦的強度和功能

就像所有肌肉訓練一樣，訓練步驟必須漸進性的進步，不可以急躁，但必須持續不停止，漸漸增加大腦的強度和功能。如果持續有恆的訓練大腦，一個人的大腦是可以永遠保持功能和健康。

㈣逐步的增加大腦容量

正確的大腦訓練就可以用到其他百分之九十我們尚未用到的大腦容量。有一份醫學報告指出，一位中風的病人，在醫生的幫助下，重新像嬰兒一樣學習走路和說話，經過數年的學習，奇蹟式的恢復了走路和講話的能力。當這位中風病人去世後，醫生驚訝的發現原先支配說話和走路的大腦部分因中風完全失去功能，但經過不斷訓練後，病人將原來不是支配說話和行動的大腦，訓練成可以具備這功能。這項發現證實醫學界的論點——我們只用了很少大腦的能力，大腦的能力比我們想像中的多太多了。

名人格言

Some men see things as they are, and say "why?"
I dream of things, that never were, and say, why not?

有些人碰到事情發生，就問為什麼發生。
我想像一些從來沒有發生的事，然後說，為什麼不能夠讓它實現。

愛爾蘭作家蕭伯納(George Bernard Shaw)

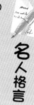

二、在日常生活中訓練大腦

到目前為止我們學習了智能的訓練必須經過大腦訓練來完成，也學習到醫學研究所建議訓練大腦的方式。在我們每日例行工作時程中，我們該如何訓練智能？如何去打開這份上天給我們的禮物呢？

以下六種方式可以很容易和我們日常生活銜接，只要有計劃、訂下目標和時間，我們就可以養成這些好習慣，並更進一步接近快樂和成功人生的目標。

㈠養成每天讀書的習慣

讀書是知識的取得和大腦的訓練最有效的方式。如果決心去激發智能的潛力，我們必須承諾重新拾取書本讀書。我強力的推薦每個人應當不看或少看電視和電腦，將看電視、電腦時間轉變成讀書時間，廣泛涉獵不同的領域。我在日常生活中會讀《哈佛商業評論》(*Harvard Business Review*)、《財訊》(*Fortune*)、《美國商業週刊》(*Business Week*)、《時代雜誌》(*Times*)、《新聞週刊》(*Newsweek*)和其他領導管理或個人學習、進步的書籍。最近，我也開始涉獵名人自傳和心理學上的書籍。閱讀書籍時，我會根據下列的方式來學習和探討這本書的真正涵義和作者所要表達的信息。

(1)我會思考作者寫這本書的目的是什麼？

(2)我會分析這本書的主要意義和主題是什麼？

(3)我會評鑑這本書優、缺點，以及和其他書作比較。

(4)我會學習這本書的故事、例子、書寫方式，讓這些學習成為自己知識的一部分。

當我應用這種方式閱讀，就創造一個新奇、刺激和挑戰的閱讀環境，幫助我更快的抓住書的重點和主題，提高讀書的興趣。我會對每一章節做簡短評鑑，和思考如何應用到日常習慣，並且成為知識的一部分。我發現這樣的閱讀方式不但是攝取知識很好的方式，對於大腦的訓練也是非常有效。

(二)養成不斷受教育和學習的習慣

短期教育充實自己

受完正規教育並不是一個結束，而是教育和學習的開端。尤其是在二十一世紀這個知識和智慧的時代，個人成功和效率取決於你的知識和智慧，我們必須不斷的教育和學習。在開始工作後，發現自己知識的欠缺，尤其是不屬於自己本科系的技能，因此，我會要求接受短期訓練和學習，哈佛商學院(Harvard Business School)的短期領導和管理的教育使我受益良多，其他財經、人事上的教育也是非常有用的知識。基本上，我會要求至少每一～二年有一個短期的教育來增加知識，以便能夠跟得上新思想和新科技。

找一個心靈導師

除了短期教育外，另一項不斷學習的方式是找你崇拜、欣賞、羨慕的人來當你的“mentor”（心靈導師）。從這些事業、工作、人生和家庭非常成功的人士中，學得如何去加強自己不足之處的經驗，這些學習更成為了我個人知識的一部分。我其中一位導師凱文伊薩(Kevin Eassa)，他是和我同一家公司的資深副總經理，退休後，他不但提供了人事和生產管理技能經驗給我，更根據三百六十度領導方式❶，為我量身制定領導和管理的改進計劃。這計劃成為我的做事準則，對我個人和職場的成功助益良多。

㈢學習新技能和從事挑戰性的活動

學習新技能

訓練智能的另外一個好方式就是學習新技能，如學習鋼琴、風琴、吉他等樂器，或是像高爾夫球、游泳、圍棋、西洋棋等。這些新技能會提供不同的肌肉、大腦和思考方式，是一項極為有效的新知識的培養。

---

❶ 指從你目前在組織中所處的位置，努力發揮你的影響，並為別人加值，學習向上、橫向與向下領導。

從事挑戰性的活動

除了新技能外，參加一些超過自己舒適範圍的活動，如攀岩、野外求生訓練、急流泛舟、跳傘、登高山等挑戰性的活動和技能，不僅可以挑戰和刺激自己的潛在體能、智能和訓練大腦，更可以引領自己到完全生疏，未曾接觸、不確定、恐懼的狀態，這是具有滿足感、收穫的學習環境。這種用挑戰來刺激更深一層知識能力，就如同孩童時代學習方式一樣，愈刺激、愈具挑戰性的學習，所獲得知識最快、最有用，也最長遠。

以我個人為例，在我四十歲那年，我跑了人生中第一次馬拉松長跑，以四小時三十分鐘跑完全程。但我對這項結果並不滿意，因為中途我走了大約一英里的距離。隔年，我又參加了馬拉松長跑，這一次我完全長跑，沒有停下來用走的，也以四小時九分鐘完成個人最佳馬拉松成績。

我四十一歲時，開始學習高爾夫球，這是一項極具心理強度的運動，看起來非常的簡單，但是，當你在眾目睽睽，沒有人幫助下，單獨的站在果嶺上，推進四～五呎的小白球，那種心理的壓力，只有身歷其境才可以體會的。高爾夫球的挑戰也激發我許多學習的潛力，現在的我改變以往急躁的個性，做事也較有條理。

就在我四十七歲的那年，我決定學習自由式游泳。因為從小水性並不是很好，又一直想嘗試三鐵（游泳、長跑、腳踏車）的比賽。游泳項目是阻止我接受挑戰的絆腳石，所以我參加了YMCA（基督教青年協會）的自由式游泳課程，準備以一年時間練習這新技能。這項新技能的學習和挑戰的經驗，帶給我許多的寶貴經驗和學習，現在我更健康、更有自信心、更成熟，更能夠勇於面對挑戰和挫折。

名人格言

學而時習之，不亦說乎？

不斷的學習，而且時時練習所學的，不是一件很快樂的事嗎？

孔子《論語・學而篇》

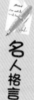

㈣不斷改變和挑戰自己的思維方式

受到教育、基因、環境和文化等因素的影響，每個人有自己獨特的思維方式——就是習慣。有時候習慣性的思維方式會阻礙我們知識的攝取和智能的成長。在西方社會中，為了訓練個人改變思維方式，有所謂「跳出框架」(out of box)的想法。

以下為「跳出框架」想法的訓練方式，在圖5–1中，如何在一筆劃內用四條直線將所有圓圈都畫過。是不是沒有解決答案、沒有辦法去完成這項挑戰？如果你應用傳統的思維方式「在框架內」(inside the box)的想法，那就是沒有解決答案。可是如果你可以改變思維方式，成為「跳出框架」的想法，那麼答案就在圖5–2中。試著跳出框架，否則，你就是在死胡同中，永遠走不出去，不但自己會失望和沮喪，智識的能力和啟發也會因此而受限制，無法進一步的發揮出來。

◎圖5–1 「跳出框架」想法訓練圖

◎圖5–2 「跳出框架」想法解答圖

作者自身「跳出框架」思考方式的經驗：

溝通

以前，就像大部分華人的想法一樣，我認為在公眾場合演講以及和職員、工作伙伴的溝通是天生具備的技能，而且西方人因為優越的基本條件，有生動的外表、活潑和分明的輪廓，因此，自然成為天生優良的演講者和溝通者。反之，華人則是一個笨拙沒有潛力，不能訓練的演講和溝通者，如同我就是一個例子。幾年前，當我改變我的思維方式，我相信演說能力不是天生賦予的，而是後天訓練出來。只要我願意接受挑戰，學習新東西，用不同的思維方式，我可以成為有效率的演講和溝通者。奇蹟的事就發生了，從我應用這「跳出框架」的思維方式，所有問題都有了答案。我自己也在溝通上有長足進步，最重要的是我現在有十分的信心，有溝通知識和技能，我不再視演講和溝通為畏途。

做事

另外一個我本身「跳出框架」思維方式改變的經驗，是關於我做事的方式。以前我做事總是認為速度是最重要的，品質和結果只要差不多就可以了。因此，在我所負責的工作和所經手的計劃，總是有「吃緊弄破碗」的問題。但是，因為從小的訓練和深耕心中的思考方式，我覺得這是我的方式、最好的方式，也是唯一的方式。直到我觀察我太太處事的方式，她總是有很好的計劃、思考縝密，雖然需要多花點時間，看起來比較緩慢，但是她總會記得所有需要完成的事，就如我們一起旅行時，她不會忘記帶任何一樣東西。她做的事可以讓人完全的放心，絕對是高品質沒有問題。在觀察她處理事情的方式後，我決定改變和挑戰自己處理事情的方式，我很驚訝的發現可以做事「迅速」，但不需要「趕緊」和「緊急」，而且可以維持高品質。我不用犧牲速度或者品質，在兩者可以兼顧的狀況下，唯一需要改變的，就是做事的思考方式。

㈤培養觀察能力，看別人看不到的機會，學習別人看不到的技能

就像一棵大樹一樣，我們看到的是樹幹、樹葉、花朵，但是決定樹幹、樹葉、花朵的外表和強度則是大家看不到的樹根。同樣的，許多人只看到成功人士，或者事件的外表，就下了斷言，形成自己的認知，而忽略了影響外表的真正力量，是那些別人看不到，也未曾去注意的特徵、價值、習慣。

當年鐵達尼號(Titanic)被冰山撞沉，船雖然閃避過了看得見表面的冰山，卻撞上在海水面下看不見更大的冰山。這些例子都在指導個人必須培養觀察能力，不僅是表面看得見的部分，更重要的是大家所不注意、看不見的。

培養觀察能力是增進個人智能非常有效的方式，學習成功人士看不到的特徵、價值和習慣更是個人邁向成功的關鍵。培養觀察能力可以藉由以下的例子（圖5–3），你看到什麼圖形？有些人說是兩個長方形，三個三角形；也有人說是兩個正方形，兩個直角三角形和一個正三角形。這些觀察都是從外表、直接的看法，如果我說這是一個「大」字，用白字寫在一張黑紙上，大部分人大概都沒有猜出是「大」字。因為，外表直接的觀察和反應支配個人的觀察能力，阻礙個人更深一步觀察和思考其他人看不到的機會和答案。因此，增進自己觀察能力，必須排除自我主觀，從只看表面、膚淺，只注意看見事物的方式，改變成探討內部，不易看到的另外一層意義。用這種方式來觀察事物和學習他人的長處，對於智能的培養，將有事半功倍的功用。

◎圖5–3　觀察力測試圖

名人格言

Always the beautiful answer who asks a more beautiful question.

美麗的答案總能引導出更美麗的問題。

二十世紀美國作家卡明斯(E. E. Cummings)

㈥當別人的導師(mentor)，以教導別人，來增加自己智能

當我們必須教導別人和他人分享經驗和知識時，我們會重新學習和更深度的瞭解自己所學的知識。這重新的學習會加速我們對知識的吸收，經由這再學習的機會以及教導過程，別人提問問題，從答案中和不同思考方式，都會激發我們的新智能，這是一項最好，也是最有效增進我們智能的方式。

這幾年來，我受邀到大學、企業、協會和學生、企業界人士、社會人士一起分享硬

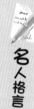

碟科技和產業、領導和管理藝術和技能，以及專注個人潛在能力的啟發，這些演講的機會，讓我有機會自身去執行和再學習每樣的智能和技能，更從教導別人過程以及彼此互動和相互交換問題、答案和討論中，學習許多寶貴的新知識和新技能。除了演講以外，我也花一定時間去成為一～二位企業界人士、朋友、親戚的導師(mentor)，在這老師－徒弟的互動中，我可以傳授自己成功和失敗的經驗，以及在不同狀況下處理事情的方式。看到這些教過的徒弟們不斷進步、增加和培養個人能力，也替他們感到十分高興。這實在是一個雙贏的經驗，老師和徒弟都增加了智能，老師分享經驗給徒弟，徒弟學習改進，然後貢獻自己給其他社會大眾和國家，最後，成為大家贏的局面。

名人格言

Teach and practice, practice and teach—that is all we have; that is all we are good for, that is all we ever ought to do.

教導和練習，練習和教導——這是每個人都擁有，也是每個人可以做得很好，也是每個人都應該去做的事。

美國作家何姆斯(Ernest Holmes)

5.4 智能訓練培養成功好習慣

在這一章讀者學習經過5.3節所描述的六項智能訓練，培養出「十五門成功必修學分」中的五～八項。在表5–2列出智能訓練和成功必修學分五～八的關係。

＊表5–2　智能訓練與成功必修學分的關係

智能訓練	十五門成功必修學分
1. 每天讀書 2. 不斷學習和受教育 3. 學習新技能和挑戰事物 4. 改變思維方式 5. 培養觀察能力 6. 當別人導師，教導別人	1. 特殊的技能和知識 2. 詳細計劃的人生方向 3. 不斷訓練腦力，增加知識 4. 學習自我激發，看到別人看不到的

㈠特殊的技能和知識

在個別領域中具備最好的技能和知識，也就是所謂的"best in class"，像王建民在棒球界出人頭地，因為他的投球技能高人一等；李安在電影導演界榮獲金像獎，因此，各大電影公司用重金聘請他導演電影。在智能訓練中，個人藉由不斷求知，讀書，再加以學習新技能和新知識。這些嶄新的技能和知識，結合自己的專長就創造出獨特的價值和能力。因此，個人可以藉助智能訓練，培養獨特高人一等的能力，成為在職場中各公司、單位爭相網羅的人才。

㈡詳細計劃的人生方向

個人如果沒有詳細計劃的人生方向，就像搭飛機從臺北到舊金山，在路途中，你發現飛機沒有導航器，飛機所在的位置、方向、高度均一無所知。如果，一個人的人生像一架沒有導航器的飛機，這個人一定無法到達目的地。而且旅途也將十分辛苦和痛苦。成功人士都有詳細的人生夢想、目標和計劃。在智能訓練中，觀察周圍成功人士，包括同事、長官、師長、親戚、朋友、社會賢達人士等，尋找有獨特的人生方向和目標，從令你推崇和尊敬的人當中，學習他們的成功人生計劃和做事方法。更進一步，可以說服這些人成為心靈導師，指導和建議正確，快樂和成功的人生方向。這心靈導師的學習，可以事半功倍的幫助個人創造屬於自己獨特的人生計劃。

㈢不斷訓練腦力，增加知識

成功和快樂人生的祕密在於不斷的增加知識能力，藉由每天讀書，不斷學習，教育和腦力訓練。這些新知識、新技能不但將日常生活裝飾得更多采多姿，又有利工作和職位的升遷，加強個人在職場中的價值和競爭能力。成功人士的共同習慣，是不斷學習，活到老，學到老。對於挑戰性和嶄新的技能和知識，更是抱著大膽嘗試，小心印證的態度，不斷的擴充個人思考和知識界限。

㈣學習自我激發，看到別人看不到的

許多在歷史上歷久不衰的成功人士都具備有這種能力。在第四章，我們學習可口可樂創始人坎德勒(Asa Griggs Candler)和麥當勞創始人克拉克(Ray Kroc)都看到別人所看不到的，加上自我激發的好習慣，這兩個人創造嶄新的企業，沿傳至今天，可口可樂和麥當勞仍然是家喻戶曉的品牌。另一位具備這習慣的成功人士是微軟的創辦人比爾蓋茲(Bill Gates)。當比爾蓋茲在一九七五年從人人羨慕的哈佛大學三年級休學，開始一家兩個人的軟體公司，大家都覺得這二十歲小伙子瘋了。但是，比爾蓋茲看到大家所沒有看到的，電腦軟體成為現代人必備的工具，也創造了幾千億美元的商機。

小結——將訓練與你的日常生活結合

在智能訓練中，改變思維方式和培養觀察能力都是有效的訓練方式。這兩項訓練培養個人跳出框架，向前、向四方看的思考方式，突破傳統舊思維和不合時宜的觀念。如此，個人就可以不斷激發自我內心，思考不同方向，察覺別人所忽略的事情，看到別人所看不到的。

在第五章，讀者學習體能和智能的訓練，這兩項訓練不但是青春和活力的泉源。在訓練過程中，讀者更可以培養成功人士都具備有的習慣，「十五門成功必修學分」中的八項習慣。從今天起，訂下個人體能四項訓練和智能六項訓練的目標和時間表，將這與生活結合在一起，假以時日，讀者會很驚訝的發現這些訓練所帶來的好處。

第六章　情感和精神能力的訓練——真正快樂和充實的人生

大樹要扎深根才能茁壯，那人呢？

你可知道能夠真正開懷大笑的，不一定是那些達官顯貴，情感與精神能力充足的人，恐怕才是最富有的人。

當科技產業蓬勃發展，累積許多社會財富，也創造許多高收入企業人士、高知名度的影星、歌星、主持人、名人，甚至在運動界，由於廣告收入和薪水，也成就許許多多所謂的「運動明星」。但是在外表、金錢、物質成功的背後，卻隱藏了一群令人擔心，內心十分空乏的受害者。

這些人都具備美觀的外表、高度的技能和知識，是大家羨慕與模仿的上流人士。可是這群人缺乏情感和精神的寄託，不懂得如何訓練情感和精神能力，因此，缺乏由金錢和物質所帶來的真正成功和快樂。他們就像外表高挺的樹幹，看起來十分健康、俊挺的外表，其實樹幹中心是空洞的，已經腐蝕了，隨時都有瓦解崩潰的可能。

個人追求真正快樂和充實人生，必須有強健的情感和精神能力。情感和精神能力就像樹根，雖然深藏在土中，看不到，但必須不時灌以水分和營養，保持樹根的健康，因為要有深植土中的根，才有內在、外表都健康的大樹。同樣道理，個人必須培養，維護情感和精神能力，才能夠走向真正快樂和充實人生的道路上。

6.1 情感能力的訓練

情感能力在人類進化過程中，在一九八〇年代以前，一般以為情感是人類感覺的自然表現，無所控制，所以一直不被重視，也不去瞭解如何訓練和應用情感的能力，增進個人和企業的生產力。一直到人類歷史由工業時代進入知識時代，個人的知識能力和控制這知識能力的情感能力，才成為最重要的研究項目，企業界也開始注重情感能力的培養和訓練。在現代企業，情感能力的培養成為公司人事部門很重要的訓練課程，藉由員工情感能力的訓練去培養下一代的領導階層，以及由訓練中去增加現代多重團體，不同區域，多文化企業的合作、協調以及工作效率和生產力。

・沉默不是金

相較於西方人、歐美人士，華人有著較保守、含蓄，不擅於表現和分享個人的情感的習慣。尤其是「愛面子」這個廣泛的通病，使得我們時常掩飾和壓抑許多負面的情感，像不安、憂慮、悲傷、沮喪等。這些負面情感如果不去面對處理的話，就會變成一發不可收拾的局面。記得小時候，每當自己在一般談話場合中，想描述自己對某件事的觀感和某個人論點的意見，父母親總是會告誡我：「囝仔人有耳無嘴」，意即叫小孩不要表示你的論點和分享你的情感世界。「沉默是金」的座右銘，在做事的過程中也許是一個很好的建議，但是在培養情感能力上卻是一個無形殺手，因為它阻止了我們表現自己情感世界，以及和別人情感世界的交流和學習的機會。

在英文中有三千多個字彙用來描述情感，在中文中，描述情感的字彙，也不下幾百個，我們在一個星期，甚至一天中，幾個小時內就會有多種不同的情感表現。就像在一天中，我們可以經歷喜怒哀樂各種不同情感，而每個不同的情感，左右著我們心情、心理、工作效率，甚至影響到注意力的集中，因此訓練和培養個人情感能力，藉此隨時瞭解自己、瞭解別人、掌握環境，才能過一個充實和快樂的人生。

‧培養情感力量的六個面向

培養情感力量可以由下列六個學習方式來著手：

一、呈現最真實的自己

最真實的自己就是最原始的自己，這原始的自己是父母和上天所給我們的。不經過掩飾，驕傲和自然地呈現真實的自己，是一件看似簡單但其實非常難的情感能力的訓練。為什麼呈現真實的自己如此的難？這是因為追求時尚的模仿行為和迎合潮流、他人的期待左右著個人行為。久而久之，個人就失去原本最珍貴、真實的自己。

㈠模仿的影響

隱藏真實的自己

記得自己小的時候，最喜歡做的事就是模仿歌星、影星、運動明星，或者其他高年級的同學。總是覺得如果可以將行為、舉止、談吐模仿和改變成這些名人的方式，自己應當就可以和這些名人一樣出名和快樂。總之，所有屬於自己獨特的性格，都被當成垃圾，不分青紅皂白的從自

己心中掃出去，換來的是其他人的性格，結果學得四不像，不僅難看而且十分虛偽。

模仿的問題

許多讀者和作者有相同經驗：我們總是抱怨自己、崇拜別人，羨慕別人擁有的，所以刻意隱藏「真實的自己」，模仿成為「假想的別人」。這模仿的悲哀例子是近代人用手術去改變自己容貌，用手術刀去整形成大明星的樣子，例如男生像布萊德彼特(Brad Pitt)；女生像安潔莉娜裘莉(Angelina Jolie)，結果不像這對金童玉女，反而像一個假人。

其實每個人都有特點，長處和短處，好看和不好看，上天其實很公平，屬於自己擁有的，珍惜它，那就是「真實的自己」，也是最珍貴、最好的。而什麼是真實的自己？問問自己，出生背景，教育，工作，兄弟姊妹，父母，個性，長相……，你有沒有刻意隱藏？會不會感到沒面子？這些問題是否一直困擾著你？就算把這些信息放在別人看不到的「真實的自己」和其他人分享，也不會羞愧或擔心的。當個人可以做到這一步，你會很驚訝發現大家更喜歡和欣賞沒有裝飾過的真實樣貌。

因此，情感力量培養的第一件事就是瞭解最原始的自己，呈現出最真實的自己，不需要掩飾，或者強迫自己做出不屬於真實自己的行為和舉動出來。

㈡迎合的影響

壓抑真實的自我

在我們生活的環境中，我們對許多事的選擇並不是因為自己想要，而是為了迎合父母、社會和其他人的期待。在華人社會，許多人的第一目標是成為醫生、律師、博士或是企業大老闆，以賺錢為第一考量。當然真的有不少人是以此為人生願望，但也有不少人只是為了要迎合父母、社會和他人的期待，隨波逐流強迫自己改變方向和志願。

我自己的求學、出國等各項人生安排完全是為了滿足他人對我的期待。但很幸運的是，我自己的熱忱潛力和這些選擇安排是互相配合的，因此，沒有產生情感世界的衝突。可是，在情感能力中，我總是覺得我有許多「真實的自己」沒有呈現出來，因為我還是在執行別人對我的期待。一直到二〇〇五年，我才真正找到並呈現「真實的自己」，我決定去做自己想做的事情，讓自己熱忱完全發揮的工作。這些工作包括家庭、事業、橄欖球、著作、回饋、貢獻許許多多自己想做卻一直擱置下來的事（在第七章將有更多描述作者的夢想）。如果能處在「真實的自己」的鼓舞下，一切會變得更美好，就算吃苦也像在吃補，每天所做的事變得更有意義。讀者可以嘗試做自己的主人，呈現真實的自我，你的人生將有極大的改變。

迎合的問題

迎合使我們社會產生不健全的發展，也糟蹋了許多天才。看看我們的社會有多少企業老闆、董事長和總經理，卻很少有慈善基金會的負責人；有許多科技、生醫著作發表和師資，卻欠缺人文、歷史和藝術的人才；有多少當紅歌星、影星，卻只有導演李安和雲門舞集創辦人林懷民等少數藝術創造者。

以導演李安和雲門舞集創辦人林懷民為例。他們是典型追隨最真實自己的例子。在華人社會中，藝術這行業是完全違背大家的期待。李安的父親曾因為李安選擇當個電影導演，對他不諒解；林懷民創立雲門舞集，在當時臺灣人心中的觀感也是十分負面。還記得和長輩談起林懷民的雲門舞集時，長輩就說：「男生怎麼會跑去跳舞？大概是功課、讀書很差吧！」或是認為他創立雲門舞集沒有前途可言。

李安和林懷民的成就是因為他們選擇傾聽自己心中的聲音，選擇一條比較少人走的道路。這條路的人比較少，比較孤單，所以備受歧視。今天，他們兩個人在這人跡較少的道路上踏出了足跡和方向，也為華人在電影和舞蹈界創造國際一席之地。許多人跟著他們所開闢的道路一步一步的向前走，應當好好感激李安和林懷民勇敢的選擇。

名人格言

No man for any considerable period can wear one face to himself, and another to the multitude without finally getting bewildered as to which may be the true.

沒有人可以長時間戴著兩副不同的面具——真實的一副和面對大眾的一副。戴著兩副面具的人終究會被真實所揭開。

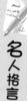

十九世紀美國小說家霍桑(Nathaniel Hawthorne)

二、接受別人最真實的一面

如果我們選擇呈現自己最真實的一面，同時我們必須接受別人的選擇和最真實的他們。

在我們社會中，如果每個人都可以很自然，不做作的表現出自我，彼此尊重，那麼每個人會生活在一個自然和諧的情感世界中。藉由這種人與人的和諧情感世界，也就造就和平、寧靜和安詳的社會。如果你有機會和泰國或者西藏人士交往，在交往過程中，他們總是和你面對面，雙手合併，放在胸前，手臂形成像英文「V」的字母，這個手勢代表的意思是「我崇拜和尊重你最崇高的自我」，不管你的出生、地位、種族、文化、財富，上天所賦予你的都是最珍貴的禮物，每個人必須尊重和接受。我自己也有許多這一方面的經驗，這種經驗讓你情感世界充實很多，心中感到非常溫暖。以下我將介紹我的兩個親身經驗：

橄欖球隊隊員間的真感情

同樣的經驗，發生在我和成功大學橄欖球隊的接觸經驗中。由於成大橄欖球隊是一支很有傳統的球隊再加上一個緊密的校友組織。每年球隊總有許多活動，學長和學弟們會一起打球、吃飯、喝酒和聊天。在我和球隊隊員、學長和學弟的接觸中，我們相互接受我們真實的自己，沒有職位、財富、地位、背景這些人為的價值，只有橄欖球來連接彼此的距離。那種感到完全開放，沒有拘束，不必做作的感情世界真是令人開心。

三、轉換負面情感為正面情感

我們都有經驗，如果早上一起床，不管家裡或是公司一切都順心時，你的情感狀態就是處於快樂、樂觀、滿足的正面情感世界。此時，你心情好、做事情效率高、待人有禮，一天時光過得特別快，如同英文諺語說"Time flying when you've good time."（當你有快樂時光，時間就像在飛似的。）

另一種狀況完全相反，早上起床諸事不順，不管是自己造成的還是外界的影響，總之事與願違，你掉進暴躁、憂慮、不安、生氣的負面情感狀態陷阱。頓時，你心浮氣躁，看一切不順眼，還遷怒別人。

我想我們都有陷入這種負面情感狀態深淵的經驗，而且愈陷愈深，爬不出來。這種負面情感不但對一個人能力和生產力大打折扣，更影響到我們和周遭的人的關係，尤其是最親近我們的人，這負面情感造成大家都處在不健康、不快樂、沒有效率的生活方式。如果我們瞭解，正面情感可以增進效率和人與人之間的相處關係，負面情感則會毀滅人與人之間的關係，造成一個無效、痛苦、生氣的人生。那為什麼每個人不去選擇過著正面的情感狀態呢？

・現代人的兩大情感問題

現代人無法生活在正面的情感狀態主要有二個問題：

對於所處的情感狀態不瞭解

通常我們對於自己和別人的情感狀態都不甚瞭解。經常處理方式為壓抑在心中，或者期待情感會自動消失，對於別人的情感狀態，則以別人私事為理由，不加以體會、過問或關心。

不瞭解可以藉由訓練改變情感習慣

如何去解決，面對情感世界的二個因素呢？如果你讀到了這個章節，我想每位讀者都已經對第一個因素有答案了。那就是個人必須瞭解、注意、管理情感狀態，也必須瞭解周遭人的情感狀態，朝向正面情感世界的道路前進。

名人格言

There can be no transforming of darkness into light and of apathy into movement without emotion.

情感力量能夠轉變黑暗為光亮，轉變漠不關心為行動。

二十世紀瑞士心理學家榮格(Carl Jung)

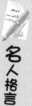

・認識你的正、負面情感

正面和負面情感在文字、語言、心中、肢體表達雖然有上千萬種不同方式，總結起來，有七項正面情感和七項負面情感狀態，分別是以下幾種：

㈠七項正面情感

慾　望

當個人有求學、好工作、成就……等慾望，可以帶來充實和希望。伴隨而來的，就是正面的情感。

信　念

宗教的信念、助人的信念、幫助與關懷的信念、自由與平等成功的信念……，這些信念會幫助個人加強正面情感。

愛或者被愛

當我們給予別人關心和關愛，或者是接受別人給予我們的關心和關愛，心中那股溫暖的感覺就是最佳正面情感。

熱情與熱心

熱情與熱心是一切正面情感的基礎。一切變得那麼美好，只要我們用熱情與熱心來過生活，再困難的挫折都可以迎刃而解。

希　望

有希望，就有目標；有目標，就有熱情。因此，有希望就有行動，一切變得美好，正面情感就隨之而來。

感　激

感激自己的所有、感激別人的付出、感激大眾的幫助、感激上天的賦予、感激所有陪伴我們的人事物……，個人就生活在情感的天堂中。

奉　獻

施比受更有福，當我們付出，貢獻給大眾，不管是物質、知識、行為或情感上，個人的情感就提昇到正面的層次。那種充實、回饋、滿足的感覺，十分美好。

㈡七項負面情感

害　怕

這是最常見，也是最需要改進的情感。我們害怕生病、老化、死亡、貧窮……，許多害怕其實是不存在的，只是我們心中有鬼所造成的。最好的方式是去面對害怕，改變它。

怨恨

當怨恨在我們心中，每個人都是敵人、惡魔，這股怨恨就像一塊大石塊壓在心中和胸口上，我們無法呼吸，不會快樂的。

貪心

個人如果一味追求不屬於自己，過分奢華的物質生活。這種貪心情感很快造成內心空洞，像一付骷髏，不可能快樂和健康。

生氣

當你生氣破口大罵時，血壓升高，心臟負荷變大，身體馬上就加倍活動，以便應付血壓高，心臟加快的問題，心情馬上就掉到谷底。

迷信

迷信就是迷途，凡事藉由他人或其他假想的外力，去幫助自己，同時也對自己失去了信心。這種心情就像賭博一樣，十賭九輸，永遠不快樂。

報復

報復必須花費心力去算計別人，以便以牙還牙。成天圍繞在這種心態，這個人的生活一定是像坐在火爐上，永遠不平靜、不安穩。

忌　妒

忌妒就像毒品，用愈多就陷愈深，到無法自拔的地步。因為忌妒他人，不會增加自己的成功和快樂，只會加深負面、不快樂的情感。

·瞭解情感的特質

讀者瞭解七項正面和負面情感後，如何去改變負面情感為正面情感？如何保持個人正面和快樂的人生？首先，我們必須瞭解：

㈠正面和負面情感無法互存

情感狀態不是選擇題，而是只有正面和負面的是非選擇。個人必須瞭解，在任何時刻，你只能夠有一種情感狀態。如果選擇正面，負面就消失了。同樣的，負面的情感也可以完全掌握個人的情感。

讀者必須瞭解，個人雖然無法生活在百分之百的正面情感（除非是十全十美的人），但是，當個人發現掉入負面情感中，必須盡快回到正面這邊來。否則，你將永遠陷在負面情感漩渦中，無法自拔。情感狀態主要是受內心所掌握。不管外在影響、環境變化，個人的心態掌管當時的情感狀態。

㈡受日常所用的語言和文字影響

個人的情感狀態受每日所用語言和文字所影響。當個人不斷使用相同的語言、文字去描述生活狀態，經過肢體、表情的傳達，個人的內心、心理情感也會進入同樣狀態。這也就是為什麼用語、文字正面、活潑的個人總是有較快樂、充實的人生。有些人日常用語十分悲觀，痛苦，負面，也不瞭解為什麼自己有這麼脆弱，負面的情感能力。

・正面語言文字的力量

如何用語言、文字來改變個人情感狀態？在不同情感狀態下，有不同文字描述和思考方式。以下圖6–1～6–3利用正負面情感文字來表示情感能量狀態，以物理能量所提到的能階概念，來闡述情感能量的變化。

就像物理現象的能階圖一樣，負面情感屬於較低的能量，負面文字表示了負面能量如圖6–1，讓人容易掉入負面情感中；反之，正面文字帶來高能量及正面情

◎圖6–1　一般情感能量圖

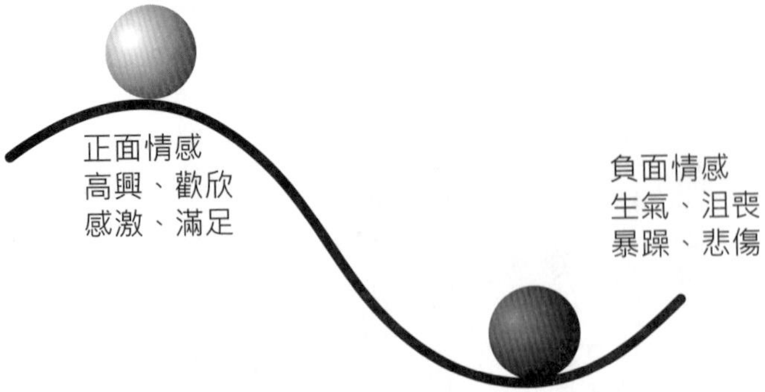

感。我們必須改變我們的能階狀態，給自己足夠能量和動力，將自己情感狀態轉換到正面情感狀態上。

除了圖6–1中所描述給予個人心理能量和訓練，讓自己情感狀態回到正面情感狀態外，這種方式需要較強的心理建設和長久的訓練，我們也可以應用圖6–2這個中繼能階方式，如果短時間無法由負面情感回到正面情感，可以藉中繼能階方式來完成。

將負面情感所造成的消極低落的情緒先緩和一下。把這低能階的消極態度，先提昇到可以控制的中繼情感上，使用中繼情感的思考和語言，然後再進一步提昇到正面情感的高能階上。

如果讀者已經在很正面的情感狀態，有效提昇情感能力的方式是最高能階情感方式。如圖6–3所

◎圖6–2　中繼能階的情感能力訓練方法

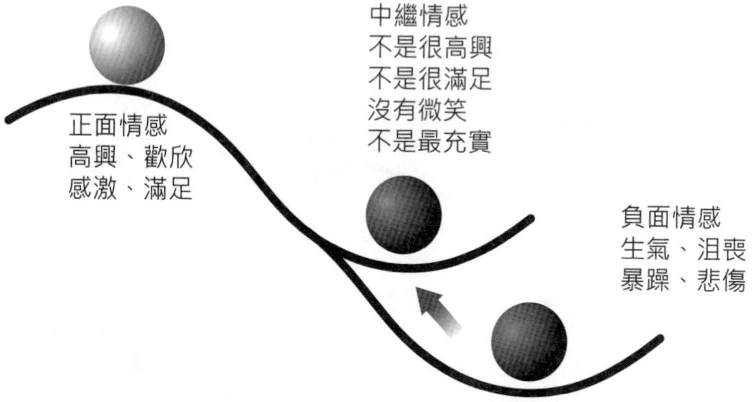

描述，個人不只保持在正面情感的能階上，而是往上再加上一層能階到最高能階，提昇個人情感狀態到最高階段。

最高能階的情感由高興變成欣喜若狂，由感激變成感激不盡，將正面情感所產生的正面心理和態度推高到最上層，如此，即使受到外面負面情感的影響，個人還是可以維持在正面情感能階上，持續保持正面情感世界，過著充實和快樂的人生。

加強個人情感能力的方法是訓練自己多用正面情感的成語和比喻，讓自己的心理和思考方式用正面、樂觀的情感所圍繞。如果你不斷持續練習利用這語言、文字、心理和思考方式來改變自己的情感狀態，很快，你會很驚訝的發現，自己可以掌握情感狀態，不再逃避它，而是面對它，然後轉換成正面、有效率的情感能力。即使，有時候個人也會陷入負面情

◎圖6-3　最高能階的情感能力訓練方法

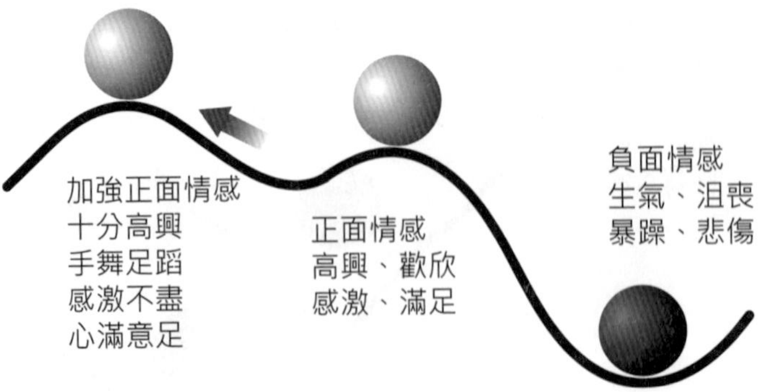

感世界中，使用許多負面的用詞和思考方式，但這時個人可以利用6.1節所學習能階提昇方式，讓自己回到正面情感世界。

名人格言

Words form the thread on which we string our experiences.

文字用詞就像繩子一樣，我們用這些文字用詞編織成個人的經驗。

二十世紀英國作家赫胥黎(Aldous Huxley)

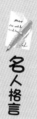

四、高度鼓舞自身的能力

要訓練自己有高人一等的情感能力，我們必須有很強大、來自內心的鼓舞力。這鼓舞力是來自個人訂下的願景和目標。因為這個充滿挑戰、有意義的願景和目標，不斷引導個人朝正面、積極的方向前進。

以我自身的例子來說，為了維持個人最高的鼓舞力，訂下自己的目標，對自己的方向非常清楚，不會受到外界和他人的影響，目標和願景也成為每日生活指標。我的指標如下：

- 做好現在職務上所有工作
- 成為好丈夫和好父親
多花時間與太太和孩子們相處。
- 成為一位關懷父母親的兒子、和親戚保持聯絡和讓母校和學弟引以為榮的校友
有機會就拜訪父母、親戚、同學、朋友和橄欖球隊。
- 貢獻自己所學給社區和國家
完成我的第二本個人勵志書籍，並且義務指導有需要幫助和建議的學弟、同事和朋友。

- 參加環境義工行列

清理海灘及街道上的垃圾，成為綠色地球的一份子。

- 為下一代創造更好的環境

研究太陽能的開發技術，利用自己所學，創造無汙染的取代能源。

這些個人願景和目標提供了很強大的鼓舞力量，在內心中更聚集了大量的正面情感力量。當每天個人朝著這充滿希望、成功的願景和目標的方向努力，不管多少困難和挫折，個人心中還是充滿正面情感。每天起床後，精神飽滿迫不及待去完成每一件事，朝目標前進。

名人格言

Hold yourself responsible for a higher standard than anybody else expects of you.

為自己訂下的目標，應高於別人對你的期望。

美國作家亨利大衛梭羅(Henry David Thoreau)

五、關照、幫助和相信他人

每個人的情感能力和情感世界除了屬於本身以外，還必須和他人的情感世界互相有關聯。沒有人可以只活在自己的情感世界，只著重於訓練和掌握自己情感能力而不和他人情感世界有任何聯繫。事實上，關照、幫助和相信他人是增進個人情感能力一個很重要的工作。

(一)關照他人

在現代繁忙的社會和工作生活中，關照他人這麼簡單的事都成為很難完成的任務。我們每個人都應該盡全力，撥出時間關照他人。當我們和他人接觸時，即使是很短暫的接觸，都必須：

- 有耐心聽完對方的談話，自己回話時也刻意慢下來，很清楚的表達，讓對方明瞭你是真心關心的。
- 即使時間再忙，也要撥出時間給需要關照的人，必須讓對方覺得你願意將所有時間用於和他們相處。
- 即使是陌生人，也要保持微笑用誠懇和關心的態度和每個人相處，如此，你不但可以保持最佳情感狀態，也照亮他人的生活和世界。

㈡幫助他人

幫助他人和貢獻自己是增進個人情感能力的另一項有效方法。幫助他人的方式，應當是本著讓自己成為蠟燭去照亮需要幫助的人，成為他們在黑暗中的一絲希望和助力，而不需要成為錦上添花的鞭炮。對於已經有名有利的人而言，錦上添花的為他們點燃鞭炮只是加速這些人的腐敗，沒有實質的幫助。

在名利掛帥的現代社會中，我們所需要的人是可以成為燈塔，不管風雨，一年三百六十五天，天天在夜晚中照射燈光，指引所有需要幫助的人不迷失方向，走在正確道路上。

㈢相信他人

建立人與人之間最好的關係以及維持強健情感連接，就是信任。我們期望別人的完全信任，這必須從自己相信他人做起。在華人社會中，我們強調「害人之心不可有，防人之心不可無」，基本的教導就是防人，不要相信他人，因此必須檢驗別人做的每件事。

讀者認為完全相信他人，在現實社會中可以辦到嗎？我自己的經驗，答案是絕對可能。記得二十五年前我初到美國時，我和朋友一起到保險公司申請汽車保險，在申請保險過程中，業務員問我許多問題，以便決定我的汽車保險費。這些問題包括我開車幾年、有沒有發生過車禍、有沒有車庫、除了我以外還有誰開車等。問完這些問題後，業務員就列出我的保險費用，此時，我很驚訝的問我的朋友：「她怎麼都沒有查我的證件和印證我的答案，就決定我的保險費？她怎麼這麼相信我？」我的朋友回答我說：「美國人基本的態度就是相信。她相信你所說的一切，因為那是你的信用(credit)，但是如果你所講的是欺騙的，一旦哪一天被發現，你的信用就會完全破產。」

這個經驗教導我必須相信他人，沒有任何的懷疑。不需要憂心別人有欺騙行為，因此時時防範他人，不相信他人。因為只有我們完全相信別人，才可以期望別人的完全信任。經由彼此的完全信任，建立一個沒有猜疑的環境，這完全信任的環境中也就充滿了正面的情感。

名人格言

If you could only love enough, you could be the most powerful person in the world.

如果一個人可以有無限的愛心和關心，他就是全世界最有影響力的人。

二十世紀愛爾蘭文學家埃米特福克斯(Emmet Fox)

六、建立良好的人際和情感關係

在上一段情感訓練方式中，我們學習到人是一種群居的動物。因此，我們必須關照、幫助和相信他人，藉此建立人群間強健的情感關係。除了幫助與關注他人之外，每個人必須進一步的建立廣泛的人際關係，並不斷和其他人連接情感世界，成為一個廣泛而且充實的情感網路。

建立良好人際關係和廣泛和他人連接情感網路，並不是大家一起不務正業，花天酒地，最後聚集一群人成為酒肉朋友；也不是大家以利益相結合，徇私護短，為保護彼此權勢、金錢和地位而連接在一起。這種人際關係和情感的連接是負面的，具有破壞性。不但不會增強個人的正面情感能力，最終還會將你帶到負面情感狀態的陷阱中，永遠無法翻身，必須謹記在心。

・建立共同良好的價值觀

如何才能夠與他人建立良好的人際關係，並且連接和交換彼此的感情世界？必須以共同價值觀為基本。這共同價值觀是人類行為的自然法則，包括信任、誠實、言行一致、關愛、貢獻、照顧家庭等。自然法則不但與世界共通，也是永遠不會改變，而且大家都相信的準則。在這共同道德觀的約束下，每個人都可以打開雙臂，熱烈歡迎每個人加入我們社交行列，成為我們連接和交換情感的重要朋友。

我自己是一個相當內向的人，建立人際關係和別人交換連接自己情感世界總是那麼困難、不自然。在我學習情感能力訓練中，從我的導師——凱文伊薩(Kevin Eassa)身上，獲益良多。凱文是我在希捷的舊長官，是一位人人尊重和羨慕的領導者，他在建立人際關係、連接人與人之間情感關係以及對個人的瞭解等方面是公司中公認數一數二的。他告訴我：「Steve，你有最好的教育、職位、家庭、人生和工作態度，更重要的，你有正確的行為價值觀。如果你可以開放自己，主動的和他們建立關係，互相學習，一起交換和連接情感世界，你可以有很多收穫，這是你下一個應該做的目標和任務。」這是我學到的最好建議之一。凱文說的對，許多人都希望成為我們社交的一部分，所以我們需要的是展開雙臂，大方的擁抱所有人，完完全全的開放自己的情感世界，也不需要擔心和別人情感世界接觸和相結合。分享和關心他人的情感世界是建立友誼的最好方式。

6.2 情感能力訓練培養成功好習慣

讀者回到第四章，重新回顧成功人士所具備「十五門成功必修學分」。讀者如果按照6.1節情感訓練中六種方式來培養，就可以完成十五門成功必修學分中情感訓練的四門學分。它們的關係就如表6-1所示。

＊表6–1　情感訓練與成功必修學分的關係

情感訓練	十五門成功必修學分
1. 呈現最真實的自己 2. 接受別人最真實的一面 3. 轉換負面情感為正面情感 4. 高度鼓舞自身的能力 5. 關照、幫助和相信他人 6. 建立良好的人際和情感關係	1. 有核心團體和智囊團 2. 有過人的心理力量 3. 培養潛意識力量 4. 勇於下決定，並徹底執行

㈠有核心團體和智囊團

成功人士的身邊總是圍繞著一群比自己聰明，擁有不同技能與思考方式，和多樣化能力的團體。當機會或是問題發生時，這個團隊可以集合起來去完成任務。在情感訓練中「接受別人最真實的一面」和「關照、幫助和相信他人」，以及「建立良好的人際和情感關係」都是建立一個核心團體和智囊團很重要的步驟。

當自己接受別人、關心別人，用心去和別人交往，很自然的，你就會擁有許多志同道合、多才多藝的人士，所謂物以類聚就是這個道理。成功人士就是用這種方式來培養這項成功的習慣。

㈡有過人的心理力量

在球場上的成功人士像高爾夫球王傑克尼可拉斯(Jack Nicklaus)、籃球大帝麥可喬登(Michael Jordon)，或是美國甘迺迪、羅斯福等偉大總統。這些各行各業的成功人士在各種壓力下，都有一項共通點，那就是超越一般人的心理力量，愈是在危急時刻，所產生心理力量愈非比尋常。這股力量可以克服恐懼、害怕，發揮別人無法相比的力量。

強健的心理力量必須由心中做起，當個人用情感訓練呈現最真實的自己，和培養正面情感兩種方式，就可以將存在內心中的恐懼和害怕除去，當這些存在心中的毒除去以後，個人就有乾淨、充足、超人的心理力量。

㈢培養利用潛意識力量

每個人都有兩種力量，一種是意識力量（有感覺可以自主控制），另外一種是潛意識力量（發生在沒有自主控制的狀態下）。這種屬於意識外的力量，通常發生在危急的時候，會讓許多人經驗到無比的力量。例如在災難發生時，有些人發揮過人的力量，可以搬起超過自己平日力量幾十倍的重物；也有些人在危急時，做出自己無法想像的高難度動作。這種潛意識力量每個人都有，也都經歷過。成功的人士訓練自己，在平常時刻也可以發揮這種潛意識力量。

個人可以應用情感訓練中「高度鼓舞自身的能力」來培養這個習慣。當個人將自己目標、鼓勵訂超過本身意識力量可以完成時，這最高目標和鼓勵會不知不覺刺激個人使用潛意識的力量。讀者可以訓練在今天晚上睡覺之前，告訴自己六點鐘必須起床，去參加一項重要會議，你的潛意識會自動叫醒自己，這就是潛意識力量，人人都有，也都可以培養。

㈣勇於下決定，並徹底執行

為什麼成功人士在緊急、重要、困難，甚至生與死的狀況下，可勇敢的下決定並且執行到底？成功人士不是因為沒有害怕、不憂慮結果才勇於下決定。相反的，在害怕憂慮下，成功人士因為對自己、同伴和其他人的信心和責任感，迫使他們勇於下決定。

這種習慣必須藉由情感訓練中「呈現最真實的自己」、「接受別人最真實的一面」及「轉換負面情感為正面情感」這三種訓練，使自己注重個人自信心，培養對他人的信任，用正面情感力量去面對問題、承擔責任，轉變憂慮和害怕為成功的機會。建立成功人士必備的習慣，勇於下決定，並徹底執行。

讀者在6.1和6.2節中學到情感訓練的六種方式和經由這訓練所培養成「十五門成功必修學分」中的其中四項。相信你已經完成快樂和充實人生的一半路程，另外一半路程則在6.3及6.4節精神力量培養中討論。

6.3 精神能力的訓練

討論人類進化的過程，由狩獵、農業、工業到知識時代，尤其在一九八〇年後，人類歷史進入知識時代，大量應用電腦和網路的功能，人類財富倍增，物質享受和生活水準也大幅的提高。但是為什麼現代社會和個人的幸福指數沒有增加，反而減少了呢？每個人都同意現代的痛苦指數比以前祖父母或父母親的年代增加了很多。研究這現代社會通病的學者，發現人類在財富、享受和生活水準提高後，由於缺乏內心的價值觀及內在良心，在沒有指南針指引個人的方向和意義時，很快就失去自我紀律的能力。更糟糕的是，大家有樣學樣，但因為缺乏好榜樣，許許多多社會荒唐和稀奇古怪的現象都出來了。最令人擔心的是，大家已經見怪不怪，以為這就是現代的社會，無法改變的，只能選擇去適應它。

其實這個現象是可以改變的，如果我們可以找出問題癥結所在。這社會亂象的問題源於我們失去心中一把尺，失去自我良心，忘記了舉頭三尺有神明，失去自我約束能力以及過分放縱、重視權勢和享受，造成終日縱情於金錢、物質、權勢的追求。

在這種社會環境下卻很少人伸出援手來加以改變，我們怎麼去改變這種社會亂象呢？它的答案在每個人，在於培養個人的精神能力上找到答案。在訓練和培養個人的精神能力時，作者建議由以下五項工作著手：

一、承諾你要做的事，做你承諾的事

首先要改變社會亂象，增進精神能力和生活，每個人必須承諾做改變現況的事。為人父母者，承諾做一個負責的父母，多挪一點時間陪伴兒女；為人子女者，承諾做一個有孝心的子女，多陪伴老人家。在公司當主管者，承諾做部屬好榜樣以身作則，承諾做事言行如一，對人誠懇、親善，承諾盡所有能力去幫助有需要的人，承諾做公益的事情，承諾自己不再袖手旁觀，盡自己微薄之力，去改變和創造一個正面的環境。

・承諾並落實

在我們做了承諾之後，我們必須遵守承諾，盡全心全力去執行。所有承諾都必須遵守，即便你無法決定或改變結果。如果沒有行動去執行所立下的承諾，那麼只是空談，只是嘴上說說而已，沒有一點實質的效應。

當全力去做所立下的承諾，在剛開始也許看不出效果，別人也沒有注意到你的用心，不必灰心，也不要放棄。完成自己的承諾是內心價值觀也是來自精神能力，不是因為別人的讚美和注意力，才做出來的舉動。經過一段時間，只要持續的實行承諾給別人的事，不因為困難和挫折而中斷，這種真誠、不自私、正面改變的行動會獲得大眾的肯定，結果也將會出乎意料之外。

・無法遵守承諾的教訓

我自己有兩個遵守承諾的故事，對我影響非常深遠。

第一個故事是發生在國中時期，在地理課中，老師指派我為小老師去督導同學課前預習，坐在我後面的一位同學和我事先預習，但他的預習成果並非十分完整，他問我：「這樣可以嗎？」我卻答：「我想可以了。」隔天地理老師開始抽問每位學生預習結果，我開始惶恐，因為和我預習的同學，可能達不到老師所訂的標準，因此當地理老師問我那位同學預習有沒有通過，為了保護自己，我打破了承諾，我說：「沒有。」當時，那位同學臉色大變說：「你怎麼可以為了保護自己，改變了你對我的承諾？」這個經驗，記憶猶新，跟著我一輩子。我學習到如果我承諾了別人，我必須遵守到底，絕不改變和動搖。

第二個故事發生在十四年前，當時我在矽谷公司當第一線主管，我的女兒大概是五歲。一天晚上，公司製程出了一些問題，我必須到廠房巡視，因此我開車帶著我女兒到公司去。但因為小孩不允許進入廠房，我對女兒說：「在車上等我，十分鐘後我就回來，然後一起回去。」進了廠房後，由於碰到夜間主管和處理問題時間過長，我留我女兒獨自在車上至少三十分鐘。我回到車上後，我女兒一臉恐懼的問我：「你不是承諾十分鐘就回來嗎？」這又是一個令我慚愧的經驗。

這兩個故事一直在提醒著我，承諾別人的事一定要做到，不論情況如何改變，即使許多情況是你無法控制的。

二、寫下人生價值觀，遵從你的良心做每件事

我們每日生活在非常複雜的環境，國家有法律，公司有政策和規定，學校有校規，家庭有家訓，為了遵守規定，我們研究錯綜複雜的各項條款就會花掉大半的時光，而明文規定其實只是社會規範的最底線。人生的價值觀和良心是世界共通，不論是在不同文化、種族、背景，這真理是永遠不變的。所以最好遵行法律和規定的方式，就是遵行人生的價值觀和良心。

人生的價值觀包括言行如一，遵守承諾，誠實謙卑，成為地球上的好公民。如何遵從良心？你可以在做一件事前，先想想如果這件事被登在報紙、在電視、大眾傳播報導，你還會願意做同樣的事情嗎？

這人生價值觀和良心做事的指導，在這幾年來，一直成為我做事的準則。尤其當我成為國際公司的高級主管，這指導變成特別重要。我自己有一個非常驕傲的故事，是關於做事價值觀的指導原則。幾年前，我經手一個極機密的計劃，這個計劃是關於併購、投資、培養一家臺灣公司成為希捷的供應商。由於這是一家臺灣上市公司，當時股票市

值大約是二～三十元，如果這個消息被洩漏出去，這家股票一定大漲，我是少數知道這個計劃的人，連我太太，還有在臺灣的父母親和兄弟姊妹都沒有人知道。他們只知道我到臺灣出差拜訪了一家臺灣公司，這家臺灣公司的股票後來漲到二～三百元。這實在是一個很寶貴和驕傲的經驗，在非常多誘惑與大筆財富的吸引力下，我秉持了人生的價值觀，誠實、謙卑成為公司和臺灣的好公民，不謀不勞而獲之利，並且藉由這個經驗為個人立下好的榜樣，也成為公司和供應商同事們做事的準繩，獲得所有同事和朋友的讚賞和尊敬。

名人格言

Education without values, as useful as it seems, rather to make man a more clear devil.

教育和知識是很重要的，而且是有用的，但是只有教育沒有人生價值觀只會創造一個聰明的罪犯。

愛爾蘭作家路易斯(C. S. Lewis)

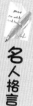

三、尋找人生的意義

人生的意義是什麼？這是每個人一輩子所希望找到的答案。其實這個答案非常簡單而且就在眼前，人生的意義和目的就是服務別人。

做什麼服務，找到自己的人生意義呢？每個人根據造物者所賦予的能力，會有不同的人生意義。

我太太是一位有愛心、耐心、喜歡照顧人的人，她的人生意義是讓人類延續不斷，而且明天比今天更美好。因此，她盡全心全力，照顧教育兩個女兒和我，每天做一些非常繁瑣、枯燥的事情，但她將這種工作當成最重要、最有意義的工作。而且甘之如飴，做出極大的貢獻，我和兩個女兒就是我太太犧牲貢獻的最大受益者。

我大女兒的人生意義，則是她有一顆聽別人聲音的心，她有耐心和愛心去注意別人所要表達的內心聲音。因此她要成為公共衛生專家幫助其他人，藉由本身專長去照顧大眾健康，去服務大眾。

我二女兒總是對動物有一份特別的感情，特別是生病和受傷的動物。她的人生意義是幫助這些動物，因此，她要成為一位動物最好的朋友，可以用她對動物照顧的熱誠，去為動物服務，創造更和諧的社會。

我自己的人生意義，除了和我太太一起照顧和撫養下一代，我要利用在臺灣生長受教育，在美國受高等教育，及高科技工作和管理經驗，綜合東西方的精華將自己的經驗，藉由寫書、演講和接觸社會大眾，推廣給華人社會。

由以上故事，我們知道每個人的人生意義各有不同，也不需要富麗輝煌、救世救人。人生意義就是堅守崗位，用我們的能力去服務別人、社會，共同創造更美好的明天。

名人格言

Give the world the best you have and you may get hurt. Give the world your best anyway.

把你最好的貢獻給這個世界，即使你可能因此受傷害。但無論如何還是要繼續把你最好的貢獻給這個世界。

天主教慈善工作家德瑞莎修女(Mother Teresa)

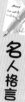

四、培養寬恕，人道和厚道的做事態度

在現代競爭的時代，大家非要爭個你死我活。寬恕、人道和厚道總是和弱者、失敗者成為等號。其實，寬恕、人道和厚道是人類精神道德最高標準，只有最成功、最堅強的人，才具備有這種能力。

看看現代電動玩具，以刀、槍、拳擊擊倒他人，不擇手段的打擊對手，直到勝利為止。近幾年來，美國高中、大學發生多起槍案、喋血事件，可見那些年輕人已經分不清楚什麼是虛幻和真實了。現在，最受歡迎的比賽竟然是人類空手格鬥，沒有保護，沒有規則，勝負決定在其中一個人完全被打倒，或者認輸。當格鬥的人流血愈多、動作愈殘忍，場外觀眾叫喊聲愈大，大家好像吸毒一樣，完全沒有人道，就像一群動物。

古人說：「只有在黑暗，才知道什麼是光明。只有在睡覺，才知道什麼是清醒。只有做對的事，才知道什麼是錯事。」唯有生活在寬恕、人道和厚道的道德觀，才知道現代社會的亂象和可悲。

名人格言

Forgiveness breaks the chains of causality because he who "forgive" you—out of love—takes upon himself the consequences of what you have done. Forgiveness, therefore, always entails a sacrifice.

寬恕可以打破所有惡性報復，因為當他寬恕我們，他也就把我們所造成的傷害承擔了下來。因此，寬恕背後也代表了犧牲。

瑞典政治家哈馬舍爾德(Dag Hammarskjold)

五、過著鼓舞的精神生活

生活在充滿物質、金錢和權勢的環境中，要改變這種生活，個人必須回到鼓舞的精神生活。什麼是鼓舞的精神生活？它包括了：

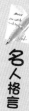

(一)遠離世俗價值觀念

在現代社會中，世俗的價值觀念主宰個人什麼是成功或失敗、什麼是有用、什麼是浪費時間、什麼必須做、什麼不能碰。在現代世俗價值觀念，關心他人、關懷弱勢是浪費時間，對於有權勢的人，必須順從，不可有所頂撞和不服從，否則就是自毀前途。看到不合理、不公平、違法的事情，避開它，讓別人去處理，自己置身於外。

要擁有鼓舞的精神生活，個人必須過著和世俗價值觀念完全不同的生活。成功不是賺大錢、坐大位，成功是盡自己責任，不浪費時間，幫助他人為他人服務，對他人關懷、幫助，而這也是個人快樂和成功的本源。鼓舞的精神生活不需要世俗的譁眾取寵、攀龍附鳳、錦上添花的行為，取而代之是挺身而出，端正風氣，除去不良和不法偏差的行為。

(二)瞭解個人只需少量的物質世界，卻需要龐大的精神世界來維護生命

當新生嬰兒降臨在地球上，就像是一張乾淨的白紙，但後天的教養使得這個嬰兒遠離於精神世界，開始追求物質世界的一切。除了身上穿著高級衣物外，環繞在這位嬰兒的物質愈多，相對精神世界就減少了。看看住在西伯利亞寒冷世界的人民，以及許多遠離近代社會的少數民族，他們的生活對於維持生命的物質需求其實十分的低，但他們的精神生活卻遠大於都市人們。

要過著鼓舞的精神生活，個人必須減少物質生活的依賴性，物質生活只要求舒適、簡單即可。將注意力轉化成培養強健的精神世界——那就是尋找人生意義，尋找自己優點，貢獻社會、服務他人。

㈢鼓舞的精神生活不是輸或贏，而是對或錯

現在社會強調輸贏，只論結果不看過程，「勝者為王，敗者為寇」的競爭觀念深植在每個人的大腦和生活中。鼓舞的精神生活沒有輸或贏，勝或敗，輸贏成敗只存在於物質世界。在精神世界中，只有對或錯，只有鼓舞、真理對上墮落、消沉的分別。每個人必須過著鼓舞的精神生活，用良知、自然法則引導個人行為。記得，做對大眾「有利」或「對」的事。這種事也許會失去或者輸掉自己所擁有的財富、地位和物質，也許會造成少數人的不滿意，卻可以造福大眾，幫助弱勢團體。記得，個人必須以對錯來成為最後指導方針，而不是以輸或贏來衡量。

㈣鼓舞的精神生活是沒有時間表的

在我們日常生活中，每件事都有時間表，四年大學畢業、二年碩士、三～五年博士學位，每四年選一次總統，每月有財務報告、例行報告和時間表。每個人都習慣於目標和時間表，但在培養個人精神能力上是沒有時間表的，是永不停止的，精神生活不是目標而是行為的過程，這過程一直跟隨著我們，直到在地球的最後一秒。

6.4 精神能力訓練培養成功好習慣

讀者可以藉由精神能力的訓練培養成功必備習慣中的最後三項，它們之間的關係就如表6–2所示。

＊表6–2　精神訓練與成功必修學分的關係

精神訓練	十五門成功必修學分
1.承諾你要做的事，做你承諾的事 2.寫下人生價值觀，遵從你的良心做每件事 3.尋找人生的意義 4.培養寬恕，人道和厚道的做事態度 5.過著鼓舞的精神生活	1.培養第六感，善用想像力 2.提昇人生的目標和目的 3.對人生沒有害怕和恐懼感

㈠培養第六感，善用想像力

第六感存在於每個人心中，卻只有少數成功人士瞭解如何去應用它。這第六感能力是想像力、創造力、是內部精神力量。歷史上許多成功人士，尤其是文學、藝術、科學上的名人，都具備有這超現實，超過五感的能力。

第六感的培養，必須藉著超過世俗，超過現實生活，在精神世界中才能夠發揮出來。個人必須遠離平日物質、權勢、成敗、財富的束縛，讓自己靠沉思及內心思想，和大自然與精神世界結合在一起。如此不斷的訓練，就可以增加第六感能力。

在精神訓練中「尋找人生的意義」和「過著鼓舞的精神生活」，都是非常有效的內部精神力量訓練。讀者可以藉由這兩項訓練，培養應用第六感的能力。

㈡提昇人生的目標和目的

成功人士都有屬於自己獨特的人生目標和目的，這是每天做事的指南針和鼓舞的力量。愈高、愈大的目標和目的，就能夠激發愈大的鼓舞和成功。不成功的人每日只為了基本生活所需煩惱，沒有讓人感到刺激和鼓舞的財富和目的，只求過一日，算一日，完全埋沒自己的能力和責任。

在精神訓練中，「承諾你要做的事，做你承諾的事」、「寫下人生價值觀，遵從你的良心做每件事」，和「尋找人生的意義」這三項訓練都以幫助個人找出人生方向，激發極大的鼓舞力，每天迫不及待，在充實的路途中不斷的行進。人生過程是有許多的困難和挫折，但靠著人生目標和目的的指引，個人不會退縮，愈失敗愈勇敢。最後，成功和快樂就在每個人的身旁。

(三)對人生沒有害怕和恐懼感

害怕和恐懼是精神力量的最大殺手。如果每日生活在害怕和恐懼中，他就沒有能力去發揮第六感，想像和創造力，就不會有提昇的人生目標和目的，當然就沒有成功和快樂的人生。對於貧窮、別人的批評、健康、老化、死亡、失敗等許多的恐懼和害怕存在每個人生活中，誰都無法避免。不成功的人讓這些恐懼和害怕成為心中的鬼，不時的阻止自己行進，也不去處理它。成功的人士則選擇面對它，轉變害怕、恐懼成為行動。在人生價值和良心的指引下，面對這不存在心中的鬼，把它從見不得光的黑暗角落中，公開的擺在太陽光下。頓時，這恐懼和害怕都消失了。

讀者可以應用精神訓練中「寫下人生價值觀，遵從你的良心做每件事」、「尋找人生的意義」、「培養寬恕，人道和厚道的做事態度」及「過著鼓舞的精神生活」，不斷在日常生活中練習，很快的，你會發現恐懼和害怕漸漸消失了，取而代之的是行動，是充實的生活。

小結——你有這十五門成功必修學分了嗎？

讀者從第五章及第六章學到如何經過體能、情感、智能、精神能力的訓練，習得人生十五門成功必修學分。這十五項好習慣是每個人年輕、活力的泉源，也是真正快樂和充實的人生根本。當讀者有了這十五門成功必修學分之後，在第七章，作者將和大家討論如何應用這些習慣去追求屬於每個人不平凡的夢和未來。

第四篇　實現夢想，貢獻自我

第七章　不平凡的夢和未來

我的未來不是夢？

「有夢最美，希望相隨」為什麼大部分的人都沒有巨大的夢？什麼因素阻止我們去夢想、去追隨希望，去實現它呢？

二〇〇〇年三月，臺灣政治史上發生了巨大的變化，國民黨結束了在臺灣長達五十年的執政，由民進黨提名的總統候選人陳水扁當選為第十任總統。在選舉過程中，民進黨提出「有夢最美，希望相隨」，的確鼓舞了臺灣人民的希望，尤其是年輕族群，更是期待美好的未來。這不平凡的夢和未來是民進黨取得政權完成臺灣政治史上首次政黨輪替的重要因素之一。

「有夢最美，希望相隨」說明每個人都要有夢，有夢就會有希望，才會有燦爛的未來。每個人必須不要害怕，大膽的夢想。然後配合行動去實現它，畢竟每個人只有一次人生，短短幾十年而已。當然夢想必須可實現，否則就是空想，但是夢想和行動可以大膽一點，突破自己限制，不必太保守和只求安定。俗語說的好：「如果你每次都成功，就表示你太保守了，而且沒有用到所有潛力。」

名人格言

It's a funny thing about life, if you refuse to accept anything but the best, you very often get it.

生命有件很有趣的事情，就是假如你只願意接受最好的結果，代表你通常都可以得到最好的結果。

十九世紀英國文學家莫姆(W. Somerset Maugham)

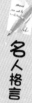

7.1 夢，巨大的夢

作者寫這本書的目的，主要是要提醒你勇敢的面對一個事實，那就是每個人都有不平凡被賦予的四種潛在能力，而最成功的人士也僅用到百分之十，其他無止盡的能力，就等著我們去發揮，去成就每個人巨大的夢想。二十年前，當我初到美國猶他州求學，在畢業前夕，同學和朋友問我「什麼是你的夢想？」，我說「我的夢想是在美國找一份工作，然後買一部新車。幾年以後，買一間房子，然後安安定定的過一生。」這是我當年的夢想。這也是大部分留學生的夢想。基本上，這也是在國內受了十六年教育，通過無數考試和通宵達旦的苦讀，然後花大筆金錢和精力考TOFEL、GRE、GMAT，才能到國外唸研究所，又經過許多年人生地不熟、異鄉苦讀後，這群全世界數一數二的優秀人才，他們的夢想：「找一份工作，有安定生活，然後告老還鄉。」多麼可悲，這種夢想，基本上是討生活，戰戰兢兢過一輩子。這不是「夢想」，而是「噩夢」、是「投降」。

我們的夢想必須要大，大到我們現在的能力都無法完成。只要我們不斷培養自己能力，去發掘另外百分之九十的潛力，在未來，我們的能力就可以將這巨大的夢想實現。

那什麼是巨大的夢想呢？在美國威廉姆斯學院(Williams college)的校訓要求學生"Climb high, climb far, your goal the sky, your aim the star."（爬得高，爬得遠，如果以天空為目標，就能摘到星星。）

一、巨大的夢激發無止盡的潛力

巨大的夢是為了引導個人，超越能力限制，在不知不覺中放出潛能。因此，在剛開始規劃這巨大的夢想時，初看下幾乎是不可能完成的任務。但是最重要的，這巨大的夢想會激勵和鼓舞你。這激勵和鼓舞就是在啟發個人潛力的催化劑，經過這催化劑，潛力就自然放洩出來，產生的效力就像物理現象的核分裂一樣，一觸發以後就威力無比。

．讓夢想成為你的興奮劑

以我自己的經驗為例，當我決定擴大夢想，而不是僅是「找一份工作，過著安定生活，擁有房子和車子」，因此，我調整我的夢想：①有成功工作、家庭、財務和人際關係；②貢獻個人時間，金錢和經驗，給需要幫助的人；③成為綠化地球的一份子。

這調整後的夢想成為我每天工作和成長的興奮劑。每天起床後，我覺得有太多重要工作要完成，太多東西要學習。我也更謙卑、更瞭解自己的不足和缺點。同時，我也更充實、更滿足，因為我每天都在進步，都在朝我的夢想前進。雖然，我目前離這巨大的夢想是那麼遙遠，可是我知道方向、也有目標，夢想已經不是那麼遙不可及。

・Sony能成為國際大廠源自夢想

日本知名品牌——Sony的故事是一個巨大夢想激發出不可思議的成就的最佳例子。盛田昭夫(Akio Morita)在戰後，一九四六年和另外一位日本人井深大(Ibuka Masaru)成立一家電器器材公司，稱為東京通信工業株式會社(Tokyo Telecommunication Engineering Crop.)，隨後又改名Sony。一九六〇年，Sony在美國正式成立，並且成為第一家在美國上市的日本公司。盛田昭夫的巨大夢想是讓Sony不只是一家傳統日本低價、低品質，區域性的公司，而將是一家高品質跨國際的公司。盛田昭夫的巨大夢想，大部分的人都以為是笑話和空想。可是盛田昭夫在這巨大夢想的督促下，發明了電晶體收音機、電視機，Walkman和VCR更成為二項劃時代性的發明。甚至盛田昭夫本人都很驚訝的看到Sony不但成為國際大廠，更成為家喻戶曉的品牌，更重要的是Sony品牌基本上已和高品質、低故障率、高創造力劃上等號。

二、夢想將不可見轉變為可見

考古人類學家夢想能夠發現古代廢墟，在地球上以最近的距離，花了幾十年的時間都找不到，無法實現這個無形的夢想。但是當人類科技有能力將太空人送上太空後，從太空俯瞰地球的山川古蹟，許多過往找不到的古代廢墟痕跡卻清楚可見。前進太空的夢想實現的同時，也將考古人類學家的夢想兌現。科技的進步將考古人類學家不可見的夢想，幻化成可見的現實。

同樣的道理，在一百年前，電腦、電話、電視都是不可思議的夢想。因為有這些夢想，將這些不可思議、無形的夢想變成有形、實際，成為每個人都可以享受的產品。除了電器用品外，從人類登陸月球，高速鐵路，航空建設到近代醫學的突破，都是將許多原先完全看不見，不敢想像的夢想，轉變成實際、造福全世界人類的科技成果。

名人格言

Nothing happens unless first a dream.

沒有夢想，什麼事都不可能發生。

二十世紀美國作家卡爾桑德堡(Carl Sandburg)

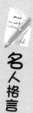

7.2 為什麼我們不敢有巨大的夢？

既然「有夢最美，希望相隨」，為什麼大部分的人都沒有巨大的夢？什麼因素阻止我們去夢想、去追隨希望，去實現它呢？這主要是因為：

一、阻止夢想實現的三大殺手

㈠害怕失望和失敗

巨大的夢在一開始看起來是很難實現的，因此阻止了大部分的夢想。因為失望和失敗的痛苦指數遠大於夢想的快樂指數。

現在想想看以下這個故事。大家都知道電話發明家貝爾(Bell)。貝爾在美國紐澤西州有名的世界級研究中心叫貝爾實驗室(Bell Labs)。貝爾的巨大夢想是發明一臺機器，有胏、聲帶的功能，可以讓聲波從無形變成有形的，如此，聾啞人士就可以看到聲音。貝爾的夢想主要來自於兩位他最關心和喜愛的女人——一位是他母親，另外一位是他太太，而這兩位在他生命中最重要的女人都是聾啞人士，為了讓她們可以聽到聲音，貝爾用盡一生的精力去完成他的夢想——一臺聾啞人士可以看到聲波的機器，可惜的是他並沒有實現原來夢想，但是他也沒有失敗或者失望，因為他成功的發明造福更多人類的電話機，因此不要害怕失望和失敗，只要夢想夠大，加上不斷的行動和努力，最後結果都是正面和成功的。

㈡害怕嘲笑和拒絕

夢想在眼前是無形的，看不到的。當其他人以近距離眼光來評論巨大的夢想，他們會嘲笑，有時候甚至阻止我們夢想。

想想看《哈利波特》(*Harry Potter*)的作者羅琳(J. K. Rowling)，她在完成這一本書以前，是一位單親媽媽，靠著救濟金來生活。但是她心中一直懷抱著一個夢想，是成為兒童閱讀書籍的作者，即使很多人嘲笑和拒絕她成為作者的夢想，許多人要她放棄，好好找一份工作才可以養家糊口，但她並沒有因為別人的嘲笑和拒絕，而放棄夢想。她在餐廳的紙巾上寫下《哈利波特》。因為羅琳堅持和相信自己的夢想，我們才能夠閱讀這麼好的故事。

㈢沒有計劃去實現

有夢想，沒有行動就是空想。我們不敢有夢想，因為我們沒有計劃去實現它。一個夢想的實現過程是訂下計劃和時間，然後用許許多多的行動和努力去實現它。這實現的過程和2.5節所描述的信念和結果的過程是一致的。

它的過程是D（dream，夢想）→F（feeling，感覺）→A（action，行動）→R（result，結果），只要跟著這D→F→A→R的執行過程，夢想就可以實現。在下個小節，我們會更詳細討論如何制定計劃、目標和時間表。

二、如何讓個人每天生活在夢想中？

當你的夢想、熱忱和每天的工作相結合時，就會像生活在天堂了，所以大膽一點訂下夢想，找出熱忱，應用自己的能力和潛力，然後找一份可以和夢想結合在一起的工作，如此我們就會每天生活在充實、有希望、快樂的人生。

微軟(Microsoft)的創辦人——比爾蓋茲(Bill Gates)從一九七九～一九八七年只休假兩個星期，這對於每年至少要休假兩個星期

◎圖7-1　信念和結果的過程圖

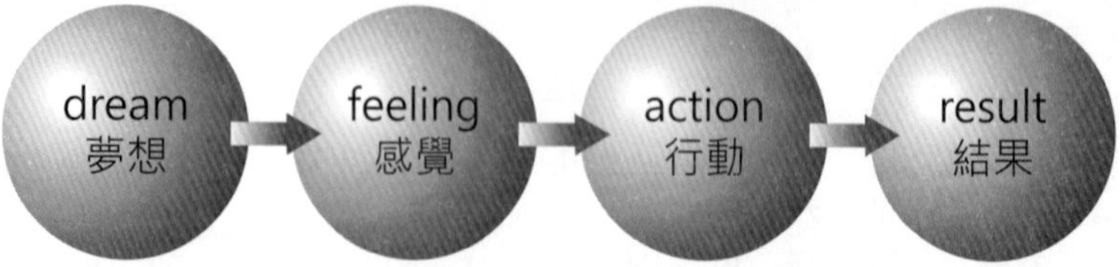

的美國人而言，簡直不可思議。當他被問到為什麼有這麼大的鼓舞力去工作，過這麼辛苦的生活？比爾蓋茲說"I am paid to do what I like to do everyday, I am living in my dream."（我每天做我喜歡做的事，而且人們還付我薪水，我簡直就是活在我的夢想中。）

名人格言

Vision without action is merely a dream. Action without vision just passes the time. Vision with action can change the world.

有偉大願景而沒有行動，那只不過是個不可能實現的夢想。有行動但是沒有偉大願景，那只是徒勞無功的反覆動作而已。

美國管理專家巴克(Joel A. Barker)

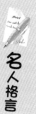

7.3 創造屬於自己不平凡的夢

讀者在前面許多章節學習到成功必須有好習慣，好習慣必須經過訓練，改變個人不良的習慣。相反的，不良習慣我們必須選擇改變，這道理和達爾文(Darwin)的進化論一致：「生存下來的，不是最強壯，也不是最聰明的物種，而是最能夠隨著環境改變的。」

所以，要創造不平凡的夢，我們必須改變。在決定改變之前，先瞭解自己過去追求和避免的事項，決定現在和未來個人追求和避免的事項，藉著檢視過去、現在及未來所追求和避免價值觀的不同，個人就可以用這種變來完成自己的夢想，在夢想的成績單中得高分。以下是作者自己的經驗，讀者可用同樣方式來調整自己的夢想。

‧為了完成夢想將價值觀排序

表7–1與7–2是作者五年前、現在，以及五年後追求和避免項目，藉由這追求／避免價值觀的改變，調整自己夢想，讓自己更成功、快樂和充實。

＊表7–1　追求價值觀的順序

五年前	
優先順序 ↓	・工作成就 ・工作熱忱 ・自由選擇 ・身體健康 ・快樂 ・生活愉快 ・關愛 ・貢獻和分享
現在	
優先順序 ↓	・身體健康／快樂 ・關愛 ・工作成就／熱忱 ・貢獻和分享 ・生活愉快 ・自由選擇
五年後	
優先順序 ↓	・身體健康／快樂／關愛 ・貢獻和分享 ・生活愉快 ・自由選擇 ・工作成就／熱忱

＊表7–2　避免價值觀的順序

五年前	
優先順序 ↓	・工作失敗 ・受人嘲笑 ・被人拒絕 ・沮喪 ・孤獨 ・自責
現在	
優先順序 ↓	・沮喪 ・孤獨 ・工作失敗 ・受人嘲笑 ・被人拒絕 ・自責
五年後	
優先順序 ↓	・沮喪／孤獨 ・自責 ・被人拒絕 ・工作失敗／受人嘲笑

作者追求價值觀的順序中，五年前，工作成就和成功是最重要的，是優先順序的第一名，我將所有的生活和精力都花在工作上；除了工作之外，一部分時間花在自己的健康上，完全忽略了對於家庭的照顧、關懷，在生活中根本沒有貢獻和分享的行為，也沒有這種價值觀。

為什麼五年前工作是我全部重心，家庭，還有其他許多重要的工作完全被忽略了？從我的避免價值觀的順序中就可以找到答案：我害怕工作失敗，受人嘲笑，被人拒絕，因此將所有熱忱都放在工作，活在一個非常狹窄、自私、只為自己、缺乏夢想的環境中。

現在的我做了很大的調整，身體健康和快樂是我最重要的工作，而且我要付出心力關懷朋友、同學、親戚、父母、家人等，這些將被排在工作成就之上。除此以外，我也學習去貢獻自己經驗和分享財富給社會和需要幫助的人。為了改變我追求價值的目標，我也調整了避免價值觀的順序。工作失敗和受人嘲笑的壓力，不再是我最需要避免的，而我必須遠離沮喪、孤獨，每天生活在健康、有許多人支持、關愛的環境中。我也夢想五年後，身體健康和快樂還是我追求的最高價值觀。同時，我也調整了貢獻和分享，我必須挪出更多時間和力量去貢獻自己，服務別人和回饋社會。那時候，工作將只是一小部分，我的夢想是5年後，快樂、健康、貢獻成為我的三大目標，我會每天不斷努力去完成它。

·檢視夢想成績單

瞭解我的過去、現在和未來的追求和避免的價值觀，這些不同的價值觀所產生的結果會完全的不同。在表7–3中列出五年前、現在、五年後夢想的成績單，經由不同的價值觀，不同優先程序，個人很容易可以改變所追求的夢想。看看自己在五年後，我夢想的成績單將在九十分中拿到八十四分，將近滿分，離我自己生活在夢想已經十分接近了。

＊表7–3　夢想成績單

	五年前	現在	五年後
1.職業生涯	10	10	8
2.財務狀態	8	8	8
3.情感能力	5	8	8
4.體能	8	8	10
5.智能	5	8	10
6.精神能力	5	8	10
7.子女、家人、配偶關係	2	10	10
8.生活環境和品質	2	8	10
9.社交和群體生活	2	5	10
總分	47	73	84/90

註：每項以十分為滿分，分數愈高代表愈接近期望。

在這一章節，我們學到：應用改變追求價值觀，列下夢想的優先順序，按照優先順序去執行，我們就愈接近生活在夢想中，就像比爾蓋茲和麥可戴爾一樣。更重要的是要瞭解每個人都有能力可以過著屬於自己的夢想生活。

7.4 實現夢想的關鍵

一、如何去實現夢想？

要和你分享我對自己所許下的承諾，也鼓勵你一起擁有這個承諾，並且一起去完成它。這個承諾我借用Nike公司用的口號“Just Do It”。我將“Just Do It”當成字母，然後組合成：

Join Us（加入我們）

Start The Decision（做一個決定）

Own Improvement Today（每天自己不斷的進步）

在這裡，我邀請每一位讀者也許下「加入我們」、「做一個決定」並且「每天自己不斷的進步」的承諾。我可以保證只要你每天持續不斷的進步，一定可以完成任何夢想。為什麼每天自己不斷進步這麼有效率呢？我們從小就被教育「積沙成塔」、「積少成多」、「滴水穿石」、「羅馬不是一天造成」這些道理。當我們是小孩子時，這是我們進步的原動力，每天一小步，一步步的進步。那為什麼長大後，我們反而覺得什麼都知道，不需要再進步？成年後我們花大部分精力在教誨別人，指點別人的不是及缺點，但自己卻停止學習、進步？

．成功取決於是否每天進步

在我職業生涯觀察和經驗中，發現決定成功與否的因素，不在於畢業學校，不在於聰明才智，更不在於種族和背景，主要決定因素取決於是否「每天不斷的進步」。我觀察到許多人有非常好的教育，過人一等的才智和做事能力。剛起步時，突飛猛進，非常有成就，也受到公司和上司的賞識，位居重要職位和執行最重要計劃。但是很快的，這些天之驕子開始自負、驕傲，成天忙於爭權位、聚財富、指責別人，手指總是指著別人，喪失自律和自我進步的動力，這些人就從高處摔下來，永無翻身之地。另外有一些人，出身平常，也沒有特別才能，沒有傲人的處事、解決問題能力，唯一成功的方法就是每天進步一點點，長期累積下來，你將會驚訝的發現自己已爬到山的頂端，生活在夢想中。

從山頂往下看，你會發現許多同伴不是還在山底想著要不要爬上去，就是爬到一半碰到挫折，折返回去了。

現在你有實現夢想的武器：每天不斷的進步。那麼你會問：「只要我每天不斷的進步，我會達成夢想，沒有失敗和挫折？」作者要給你一個很失望的答案，不管你每天如何進步，還是會有失敗和挫折，有時可能還有更多失敗和挫折在阻礙你追求夢想，而你的夢想愈大，失敗和挫折就會愈多。如果你讀了這本書到這頁，表示你有決心去改變自己，也有了夢想，現在失敗和挫折應該成為鼓舞力和激發力。挫折不再阻止我們前進，失敗只表示我們離成功更接近。

在第八章，作者將更詳細的描述如何避免踏入成功途徑中的許多陷阱，去過一個真正快樂、成功的夢想生活。

名人格言

Ask, and it will be given to you; seek, and you will find; knock, and it will be opened to you.

開口要求就會有收穫；尋找就會找到你渴望的；敲門，門就會為你而開。

《聖經・馬太福音第七章第七節》

二、訂下目標是走進夢想的第一步

有了夢想以後，就必須訂下目標，不斷去實現。夢想就像種子，農夫必須埋下種子，每天不斷的灑水、施肥，然後等待收成，開花結果。這收成的過程可能半年、一年、三年、五年、十年。因此，在種下夢想種子以後，到成功的過程中，短期內也許看不到成果。許多人在實行夢想短時間後沒有看到成果就放棄了，或者改變夢想的種子，結果一事無成。夢想種子尚在萌芽時期就被放棄，或者連根拔起。為了幫忙讀者建立信心，一起完成自己心中的夢想，作者在這裡要給你一個禮物。這個禮物是沿用《一千零一夜》，阿拉丁的故事，在這個故事中，阿拉丁救了精靈，所以精靈給了阿拉丁三個夢想。精靈保證去實現這三個夢想。讓作者當精靈這個角色，我要給的不是三個夢想，而是十個、二十個、一百個、一千個夢想，而且這個夢想不會失敗，一定會實現。我要你像阿拉丁一樣，自信可以實現夢想，這種夢想愈大愈刺激、愈可以鼓舞全身，產生雞皮疙瘩，與奮的感覺。現在，你是阿拉丁，你可以開始寫下你的夢想。

(一)寫下你夢想中的工作成就和職位

＊表7–4　夢想中的工作計劃表

職位	薪水
資深工程師	五萬／月
經理	十萬／月
協理	二十萬／月
總經理	三十萬／月
董事長	一百萬／月

◎圖7–2　金字塔夢想的計劃方式

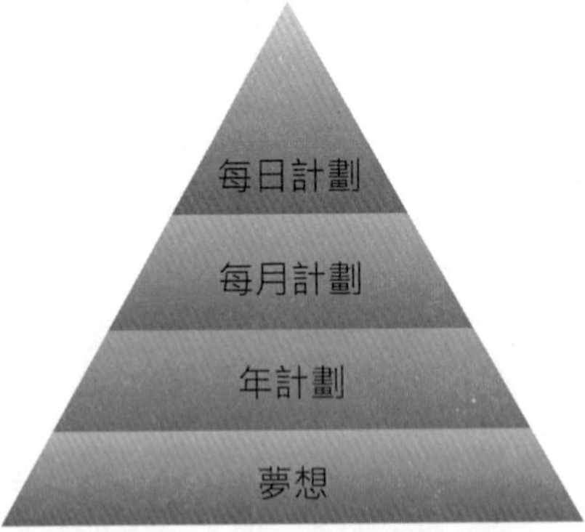

在每個職位和薪水寫下你要完成的時間，一年、二年、……、五年完成。在寫下時間表後，對於一年內所列要完成的目標，花個十～二十分鐘，寫下詳細的計劃，如圖7–2。

應用這種方式來督促和管理一年內要完成的夢想，除了計劃以外，再挪個十分鐘寫下我們在第四章所學的快樂指數和痛苦指數，詳細的列出完成這個夢想所給予的快樂指數遠遠大於痛苦指數，增加個人心理力量有非完成不可的決心、毅力，這股鼓舞力量會幫助克服所有困難和挫折，達成目標。

很多華人非常謙卑，總覺得以職位和薪水作為個人夢想是低俗，不夠高尚。很多人說：「我做事只求溫飽，不求大名大利。因為大名大利的人，都沒有道德，沒水準。」其實，名利不是罪惡，名利只是象徵，更是實現夢想的必需品。一位每天為工作金錢煩惱的人，很難實現夢想。職位和金錢就像生活中所需的空氣和水，沒有空氣和水，也不必奢望會成功。

當然，個人也不可刻意以累積名利為唯一目標。名利是無法累積不動的，就像水和空氣一樣。最佳的方式就是讓職位和金錢流動，需要它時，隨時可以用；不需要時，就像血液在身體中不斷循環。記得作者在高中時代，看到父母親辛勞去賺錢，將錢擺在第一位。作者自尊很高的告訴父親不夠高尚，太看重錢。父親說：「當你有能力可以賺很多錢，那錢就不重要了。但是，如果你沒有錢，沒有能力去賺錢那就不必有大志向了。」作者父親的話一針見血地指出金錢和夢想的依靠性。

㈡針對個人四大能力寫下目標

然後，一樣的在每一項計劃列出時間表，在一年內要完成的，用圖7–2計劃方式，詳細列出每月每日的計劃表。同樣的，用第四章所學的習慣養成方式的快樂指數來督促自己去完成這些目標。

＊表7–5　四大能力的夢想計劃表

體能	智能
・參加五千公尺競賽 ・參加十公里競賽 ・參加馬拉松競賽 ・參加鐵人三項競賽	・學習英文、日文、德文、西班牙文或其他語言 ・每星期讀一本書或雜誌 ・每天讀書一小時 ・學習新音樂器材 ・學習飛機飛行 ・學習跳舞、唱歌、游泳、泛舟、攀岩 ・完成碩士、博士學位，短期商業，理工進修
情感能力	**精神能力**
・培養大眾演說能力，參加英文演講比賽 ・培養領導或管理技能，取得MBA學士 ・培養有效時間管理技能，取得EMBA學分 ・加強多團隊領導和管理能力，取得EMBA學分 ・學習保持正面和熱忱，成為公司最有效率經理人 ・參加社交社團，結交十個朋友／每年 ・拜訪母校、朋友、親戚一次／每年 ・加入義工行列，每年做義工工作二～三次	・培養以道德為中心的做人處世方式 ・不違背任何良心和價值觀 ・幫助別人，每年貢獻一萬元和半個星期 ・幫助別人，每年貢獻十萬元和一個星期 ・幫助別人，每年貢獻一百萬元和二個星期

如果你是一位很少運動者，參加田徑比賽，也許是需要很大勇氣的挑戰；如果你沒有讀書習慣，重新拾起課本，起初會很困難；如果你是內向，不善交際、交友，缺乏群眾交往的經驗，改變個人個性和生活方式，會有不自然的感覺。

同樣的，如果你正處於負面的情感和精神狀態，必須有很大勇氣和心理力量去轉變成正面情感，這些工作都將是很大的挑戰。夢想計劃的實現就是要打破自己舒服的生活方式，挑戰自己，以便到達另一階段。因此，如果有不舒服、不自然的感覺，不必憂慮，只要繼續執行，你已經在成功道路上了。

㈢寫下財務和投資目標

就在二〇〇八年底，美國次級房貸投資崩潰，造成全球金融風暴，經濟大蕭條。許多人質疑投資報酬，投資股票，買賣房地產，不動產設定作為個人夢想，是否恰當？因為，許多投資人的夢想，一夜之間成為不可想像的惡夢。其實，擁有股票、不動產是每個人應該具備的夢想，就像金錢和職位。擁有股票、不動產不是罪惡，也不是問題。但是，在執行這個夢想的過程中，必須切記「不可貪心」，因為「貪」是惡夢的起源。

當社會大眾，不論士農工商、年少老幼，每個人都投入基金、股票、房地產，專家操盤者到處都是時，「貪」成為投資的推動力，最後，也成為痛苦的始作俑者。在財務和投資的夢想上，切記美國股票大師華倫巴菲特(Warren Buffett)告誡大家的準則：大家都貪時，必須害怕和謹慎；大家都害怕、不敢投資時，擁有股票、房地產可以大膽一點。只要讀者切記這準則，財務和投資將會是美好的夢想。

＊表7–6　財務和投資的夢想計劃表

財務	
每年淨存： ・十萬 ・一百萬 ・一千萬	
投資	
股票（年收入） ・一萬 ・十萬 ・一百萬 ・一千萬	房地產（年收入） ・一萬 ・十萬 ・一百萬 ・一千萬
擁有房子價值 ・一百萬 ・五百萬 ・一千萬 ・一億	其他資產（車子、投資、珠寶等）價值 ・五十萬 ・一百萬 ・一千萬 ・一億

然後以同樣步驟花三十分鐘～一小時，寫下每項目標的執行時間表和達成項目，也許你會問，我的財務情況是生吃都不夠，怎麼能夠用來曬乾，儲存下來？正是因為個人沒有財務和投資的夢想和目標，才會造成財務上的窘境。如果你想要過著不必為了金錢

煩惱的生活，除了每月有正常收入去維持生活所需外，個人還需要有財務夢想的計劃，就像前面阿拉丁的夢想。將夢想做大，許多人覺得不可能完成的財務和投資目標，在幾年不斷的執行和努力下，我們會很驚訝的發現這些計劃都不是空想，一步一步都實現了。

㈣寫下想要達成的休閒、娛樂與嗜好

＊表7–7　休閒、娛樂和嗜好的夢想計劃表

休閒、娛樂	嗜好
・環遊世界：每年到名勝古蹟至少一次 ・到夏威夷 ・臺灣環島一周 ・墾丁、澎湖所有臺灣美景 ・歐洲、美洲、非洲、南美洲 ・中國大陸 ・學打高爾夫球一百桿、九十桿、八十桿 ・學開直昇機及小型飛機 ・買一輛跑車 ・買一幢在海邊的別墅	・收集古董 ・收集一萬元郵票 ・每個月去一次音樂會 ・參觀坎城影展 ・看王建民棒球賽

同樣，重複以前的步驟，將計劃寫下來並且附以時間表，對於一年內實現的目標，訂下每月、每日工作的重點，然後跟著進度表去執行。

許多人不敢將財務、投資、休閒、娛樂和嗜好視為個人成功夢想的項目，有些人甚至認為這種夢想就是罪惡，不夠高尚，不是社會中的清流。其實，每個人都有權利去追求物質、財富、休閒、娛樂、享受和嗜好。享受和追求物質生活不是罪惡，完成這些夢想，更不是犯罪或者低俗。沒有這身心、物質的享受和調適，個人就像每天只下蛋，而不被餵食的母雞，不健康、不平衡的身心是不可能成功、快樂，也不可能完成其他夢想。

取得這些生活上的物質享受，必須：(1)以正當，道德手段，合法取得；(2)取得這些享受，必須和其他生活更重要事情互相平衡，如照顧家庭、父母，關心他人，關照社區和社會；(3)必須和別人一起分享，而不僅於自己自私的擁有。

小結——將不可能的事變成可能！

在離開這一章前，現在，再看一看你所列下的目標，一年、二年、五年目標，這些目標是不是太大了，大得自己都沒有十足信心去達成？如果你有這種感覺，那麼計劃是對的，這種目標可以激發、鼓舞內在心理去發揮尚未用到的能力，將看起來不可能的事變成可能，這正是夢想。

如果訂下的目標，很有把握完成，而且沒有恐懼和興奮交織的感覺，那你必須重新設定目標，因為這是一定可以完成的目標，不是夢想。這種目標只是重複同樣做事的習慣而已。這一章節的目的是，作者要求你拋棄保守、消極不可能的態度，轉變成天真、積極，什麼都有可能的信念。我要求你回到像四、五歲的小孩一樣，天不怕、地不怕，什麼事都可以做、可以學，倒了再爬起來。如果，你現在有這種"can do"（可以做）的態度和思考方式，有令人每天興奮、鼓舞、非常困難挑戰的計劃和目標，恭喜你已經踏出成功的一步。現在你所要做的就是重複這一步，一天又一天，一月又一月，一年又一年，永遠不停止。

第八章　富有，充實和快樂人生的關鍵

守成不易？快樂人生的最後關鍵

人生不就圖個成功，但是在成功之後呢？你一定沒聽過的人生八大守則，讓你的成功是永遠的存在。

8.1 富有、充實、快樂人生的藍圖

在這一章，我們要一起分享如何在人生道路，發揮自己的潛在能力，生活、工作在富有、充實和快樂的環境中。我稱為走向富有、充實和快樂人生的藍圖。在這裡所謂富有不僅是金錢上，更強調生活、人際關係、社交、精神、情感等的富有。個人必須有物質、精神、生理和心理各方面均衡滿足，才會感到富有，也才可以滿足全方位的需要，

達到充實和快樂的人生。讀到這裡，你學到圖2-4的信念和成功的轉換程式，也學到2.5節信念，習慣，成功的進化過程。經過第五章及第六章，你完成了「十五門成功必修學分」，這學分是個人成功所必須具備的習慣。你可能認為你已經可以從容的走向完美的人生了，實際上你像是剛從往日騎著摩托車，以時速十～二十公里在狹小擁擠的道路行駛，轉換到開著高速汽車，以時速一百～一百五十公里行駛在快速、寬廣的高速公路上，你還需要一些交通安全守則來幫助你適應這條變動快速的大道。

．人生交通守則

另一方面，「人生不順之事，十之八九」。在人生道路上會有叉路，有路障，不時的干擾我們，阻止我們向前，就像飛機、輪船在航行中，也會碰到大風大浪，也會有亂流，不斷的考驗著我們。因此，未來是無法預測的，但唯一可以預測的是，在人生中，必然有許多困難和挫折，試驗我們，阻止我們去達成發揮個人能力的極限。

如果人生像一條高速公路，這條高速公路就像圖8-1，非常蜿蜒崎嶇，許多大角度的彎道，在這條道路上，非常擁擠，車輛很多且速度非常快，每輛車子都爭先恐後地搶到其他車輛前端；我們也會發現有些車輛不遵守交通號誌及規則，任意變換車道，有時甚至逆向行駛。在這條高速公路，一不小心就可能車毀人亡，必須隨時留意。為了保證行車安全，除了個人小心駕駛外，我們需要有指標和藍圖不時指導我們，當我們偏離道路方向時，引導我們回到正確道路上；當我們生氣、憤怒別人超車時，提醒我們保持冷靜，這指標和藍圖就像全球定位器，就像在鄰座的太太、先生，不時的提供我們意見和消息，讓我們可以成為一位快快樂樂的出門，平平安安回家的駕駛人。

◎圖8-1　蜿蜒崎嶇的人生道路

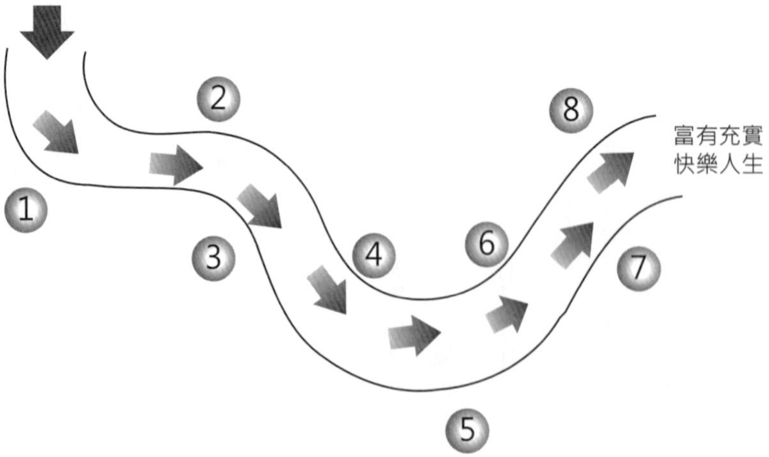

名人格言

To laugh often and much, to win the respect of intelligent people and the affection of children. To earn the appreciation of honest critics and endure the betrayal of false friends; to appreciate beauty, to find the best in others; to leave the world a bit better, whether by a healthy child, a garden patch or a redeemed social condition; to know even one life has breathed easier because you have lived. This is to have success.

成功是：經常開懷大笑；贏取智者的尊重和小孩的喜愛；獲得誠實的批評者的欣賞，並忍受虛假的朋友的背叛；去欣賞美；發掘別人最好的一面；無論是藉著一個健康的兒童、一片花園或是改善社會一部分環境，讓世界變得更好；知道因為你的存在，竟能讓一個生命更快活地呼吸。

十九世紀美國詩人愛默生(Ralph Waldo Emerson)

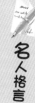

8.2 人生八大守則

那麼，邁向富有、快樂和充實人生的指標和藍圖是什麼？這指標總共有八條，稱為人生八大守則，我們必須隨時隨地用這八條指標成為我們每天生活和工作的藍圖，只要時時追隨這指標和藍圖，富有、快樂和充實的人生就在你身旁。

守則一、人生道路充滿挫折和困難

如果人無法接受人生充滿挑戰和挫折，是無法快樂和成功的。要生活在快樂和成功的道路上，我們必須擁抱失敗和挫折，不逃避並且勇於面對。

‧被拒絕上千次的大明星

大家都知道席維斯史特龍(Sylvester Stallone)——《洛基》(*Rocky*)和《第一滴血》(*First Blood*)的大明星，在席維斯成為家喻戶曉的大明星前，紐約州所有電影星探都拒絕成為他的經紀人，他說自己大概被拒絕一千次以上，一直到他開始拍攝《洛基》(*Rocky*)的電影。拍這部電影時，在他腦海中不停浮現被拒絕的挫折感，可是，他一直堅持、一直向前，最後終於成為一位國際明星。

・只得「C」的四百億美元商機

另外一位傳奇人物是聯邦快遞(Federal Express)的創辦人——佛德列克史密斯(Frederick W. Smith)，他在一九六二年進入耶魯(Yale)大學求學。在經濟學課程的一篇研究報告，他提出了隔夜快遞的觀念，當時教授給了他「C」的成績，並評語寫道：「一個生意計劃和觀念，至少要可行才有用處，有誰需要隔夜快遞包裹？」佛德列克沒有因為教授拒絕他的觀念而停止，相反的，他愈挫愈勇。一九七一年，他成立了聯邦快遞(FedEx)，在經營過程中佛德列克碰到許多困難挫折，從美國郵政(Postal)公司掌握所有包裹、郵件運送，阻止聯邦快遞進入市場，到航空管制規範嚴格限制飛機大小、數量和飛行城市。一九七四年，公司用盡所有資產，看來就要破產關門，可是佛德列克相信也證實隔夜快遞市場的價值，他在許許多多挫折中一再成長。現在，聯邦快遞已是一家四百億美元的公司，也是一個能在二○○七年，淨賺二十億美元的國際大公司。

許多人無法接受人生是充滿拒絕和挫折，碰到拒絕和挫折就退縮了，造成人生的不充實和不快樂。成功和快樂的人士瞭解接受「拒絕和挫折的背後就是機會，學習和成功」。

名人格言

You don't know how good and successful you are, when the situations are good. Only you know how good you are when situations are tough.

當人生是一帆風順，一個人無法知道他有多好，多成功。只有當碰到人生挫折和困難時，一個人才能夠知道自己有多好。

希捷研發副總經理黃國興(Steve Hwang)

守則二、夢想必須大，目標必須高，但也要知足

許多人有夢想有成就，每天都在追求下一個更高的目標來滿足自己，對現在所擁有的無法滿意。因為和別人相比，他所擁有的仍然略嫌不足。這變成一個非常不健康、不快樂的循環，若每天追求明天不切實際的目標，不懂得享受今天所擁有的，會生活在很痛苦的日子中。

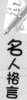

・瞭解自己所擁有的

我認識一位美國矽谷科技公司的主管，他負責一家上千人的公司，年薪加上紅利、股票大概是六十～一百萬美元之間，他住在一間值二百～三百萬美元的豪宅，有位很賢慧的太太和聰明的小女兒。可是，他一直不高興，因為他認為以他的能力，他應當是萬人公司的執行長，年薪也應當是幾百萬以上，應該享有像微軟比爾蓋茲(Bill Gates)或蘋果史帝夫賈伯斯(Steve Jobs)那種明星執行長的待遇。於是他每天處心積慮地去爭權奪利，在公司中一直想辦法爬上頂層，想將一切占為己有，他變得非常虛偽和不快樂。因為他每天在和別人比、別人爭，而不瞭解自己已經有了成功和快樂，只是不知道如何去享受。

・人生是與自己的競賽

記得二十年前，結婚一個星期後，我太太和我兩人橫渡太平洋到猶他州讀書，過了三年非常充實快樂的生活。當時，我們每個月有一千美元收入，住在學校宿舍，房租二百七十五元，包括水電、冷暖氣。除了正常開支外，每兩個星期我們也會到外面餐館打打牙祭，每個月還有二百～三百元積蓄。

十年後我們搬到美國矽谷，在高科技公司上班，薪水比在猶他州大概多了十倍，可是我們卻不像以前那麼的快樂。突然間，我們發現雖然自己薪水多了，也有房子和新車子，比起猶他的生活，有至少一百分的增進。可是在矽谷，太多人有大房子、大車子、高薪水，當我們以矽谷的水準來比較，自然就不滿足、不快樂。很快的，我們將注意力轉回到自己，想想現在，想想猶他生活，如果滿足在猶他的生活，現在的生活是更應該珍惜和滿足的，因為我們已經擁有夢想中所要過的生活了。

名人格言

There are two things to aim in life; first, to get what you want; and after that to enjoy it.

人的一生有兩大目標：第一、得到你想要的東西；第二，享受它。

美國散文家與評論家洛根皮爾索爾史密斯(Logan Pearsall Smith)

守則三、面對真實世界

許多人無法面對真實和現實的世界，一直生活在自己想像的世界，總是覺得別人或是大環境應該如何對待自己。快樂和充實人生的泉源在於個人放棄主觀意識和幻想，瞭解和面對真實世界的呈現。若以這種行為和思考方式過生活，快樂就在我們的身旁。

記得曾經參加我服務公司在紐西蘭舉辦的越野競賽，在這項活動中我們分成四十組，每組五人。星期一到星期四每天有不同訓練，從攀岩、泛舟、騎越野腳踏車、登山、定方位等；星期五則是競賽，從早上五點起床，七點到起點，競賽時間大概八～十個小時。從第一項登山到第二項泛舟，我們這一組開始落後，而且隨著時間增長，我的體力和耐性也開始減退。因此我開始抱怨，我們應該走快一點、競賽項目應該簡單一點、為什麼在紐西蘭這種荒山野地又冷又累又餓、為什麼山這麼高、草這麼長。事實上，我對所有一切都抱怨，弄得全隊都不開心，就在這個時候，隊中的一位隊友說"Take the world what it is, not what it should be or you want to be."（面對現在真實的世界，而不是你覺得或者你希望的世界。）頓時間，讓我領悟並感覺到我們正在清新的空氣中，紐西蘭的山和水是這麼真實和美麗，有什麼比和其他四位同事，騎著單車、泛著小舟、彼此閒聊、相互打氣、彼此扶持一起去征服困難，完成目標更快樂充實呢？

的確，世界是不會因為我們而改變的，但是我們可以改變去適應真實世界。雖然只是一個小小的認知的改變，它所帶給我們人生的快樂卻是無窮的。

名人格言

Thing do not change; we change.

事情是不會改變的，但我們會。

十九世紀英國文學家亨利大衛梭羅(Henry David Thoreau)

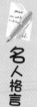

守則四、不自滿也不留戀舒適圈

不少人在有了成就和完成某些目標後，心中開始產生自滿，然後就缺乏再努力的心態。這種自滿和舒適的生活方式必須改變，否則不久以後，就會發現自己陷入失意，不快樂的陷阱中。有一本書叫《是誰搬走了我的乳酪？》(*Who Moved My Cheese?*)這本書用兩隻老鼠來描述自滿和舒適圈所帶來的災難。故事是這兩隻老鼠一起生活在一個迷宮中，牠們每天早上會在一個固定的地點發現美味好吃的起司，這是牠們每天的例行工作。有一天，牠們發現起司好像小了一點，不過牠們也沒有留意，還是每天到那裡去吃起司。過了幾天，發現起司好像又小了一點，其中一隻老鼠就決定除了每天到熟悉的地方吃起司，牠又多走一段路到其他迷宮去找看看有沒有其他起司，另外一隻老鼠還是老樣子，每天很舒適的到同樣地方吃起司。過了幾個月後，起司變得更小了，其中一隻老鼠除了原來的起司外，牠又到另外一個迷宮去吃牠發現的小起司。另外一隻老鼠只是維持老樣子，很自滿的覺得一輩子有這個起司可以吃就夠了。一直到有一天，這兩隻老鼠同時到熟悉，十幾年來同樣的地方，但是不同的是起司不見了。

這本書傳遞了一個信息——人生不能夠處在自滿和過分舒適的環境下，我們必須不斷的挑戰，突破自己，才能持續擁有富有、充實、快樂的人生。

‧你是青蘋果還是爛蘋果？

如何知道自己是不是生活在過分自滿和舒適的狀況中？我們應該要保持可改變的心，但是並非過分改變，如果每天只是在找其他的起司，而不專注和滿足自己已經擁有的起司，也會帶來不快樂。最好是以六個月為一週期來檢驗自己。如果在六個月內自己每天工作和生活非常舒適，不費吹灰之力，每天例行工作幾乎千篇一律，這個就是一個癥兆，表示自己可能生活於過分的滿足和舒適生活中。這時候就該去學習其他想做的事，或者其他技能，並且接觸不同知識、科技、產業人士等。很快的，讓自己又回到平衡、充實和快樂的人生。記得一句名言：「青蘋果會繼續成長，熟的蘋果很快就會爛掉。」記得永遠保持青蘋果的心態，過分舒適就會成為爛蘋果。

守則五、成功的道路上充滿誘惑

許多人在邁向成功和快樂的人生中，經不起誘惑，造成身敗名裂。這個誘惑可能是錢財、女色、毒品或不良場所，所有對心靈不健康的活動。

最近在美國政界上，發生兩件令人感到非常羞恥的事件。這兩個政治人物都是非常有成就的法律界名人，擁有財富和家世背景是大家羨慕的對象。

·殞落的政壇明日之星

曾經是美國二〇〇四年副總統候選人及二〇〇八年民主黨總統候選人的約翰愛德華(John Edward)爆出了婚外情，而且將競選經費付給他的情婦。原本一位政界的明日之星，因為經不起女色的誘惑，造成自身身敗名裂，破壞了美滿成功的家庭，也對家人造成無法彌補的創傷。

另外一位是前美國紐約州的州長艾略特斯皮策(Eliot Spitzer)，這個曾經被稱為打擊犯罪、非法集團的英雄，在成為州長之前，是有名的聯邦檢察官，對紐約州治安和打擊犯罪有很大的功勞，他還被喻為二〇一二年可能的民主黨總統候選人。結果爆發了召妓買春的新聞，自己知法犯法，從打擊犯罪的英雄，成為人人喊打的狗熊。

·無法自制的明星笑柄

政治人物常因為女色和金錢的誘惑造成一生遺憾，運動名人和影視明星則常因為毒品、藥物、飲酒、色情的誘惑受到傷害。例如女歌星小甜甜布蘭妮(Britney Spears)，她的歌聲甜美有力，迷倒全世界眾多男男女女，還不到三十歲就擁有上億美元的財富。有了名利和財富，她開始亂搞男女關係、吸毒、酗酒、抽菸，結果短短幾年內，從人見人愛、崇拜的偶像，成為茶餘飯後大家消遣的對象。

在二〇一〇年，高爾夫球金童老虎伍茲爆發召妓和婚外情的醜聞，這位年薪一億美金、全世界最有名的運動明星和大眾追求的偶像，因為無法抵抗誘惑，導致身敗名裂，傷害到許多最親近他的人。

這些誘惑不只於名人、明星，亦會發生在所有市井小民身上，每個人都會面對誘惑，不只在美國，世界各地都有不同的誘惑。在走向成功和快樂的道路上，必須隨時提醒自己注意這個路標，提高警覺，不可忽略，才不至於淪為和前面的例子一樣變成一輩子的遺憾和不快樂。

守則六、避免驕傲、自大和濫用權力

行駛在富有、快樂、成功的道路時，有一個路標我們必須時常警惕，那就是驕傲、自大和濫用權力。這個路標就像六十公里、九十公里的時速限制一樣。當我們在成功的路上行駛，一切進行得非常順暢，車外行人、車輛稀少，陽光明亮、風景優美，不知不覺時速超過九十……一百……一百二十……一百四十公里，這時候驕傲、自大和濫用權力使得車速過快，一不小心將無法控制，造成車毀人亡。驕傲、自大和濫用權力所帶來的災害，比車毀人亡有過之而無不及。

在寫這本書期間，在臺灣、中國大陸、美國同時爆發政府要員、民意代表涉及關說、洗錢、不法錢財賄賂，做了許多法律和道德所不允許的事的醜聞。這些新聞印證了驕傲、自大和濫用權力所造成的傷害，這些高官貴人在獲得人民的選票，被政府、人民賦予權力後，很快的忘記大眾的寄託，養成自大、驕傲、奢侈、濫用權位。在公眾場合中，也有失個人身為公眾人物應有的表率，行為舉止粗暴低俗，語言火爆；在生活消費上，也極盡奢華、浪費，完全失去競選時，尚未成名的謙卑和誠實。更有甚者，這些高官要員、民意代表，安排親信擔任職位領取高薪，可謂一人得道，雞犬升天，形成一群上下交相利、同流合汙的權勢階級，造成社會、國家不可彌補的傷害，也為人民及後代子孫立下最差勁的榜樣。所幸法網恢恢，疏而不漏，這群濫用權力的人，最後必須面對法律的制裁，以及道德最嚴厲的懲罰。這些人是咎由自取，也是典型成功人士在人生道路上因無法避免驕傲，自大，濫用權力造成的結果。如果有一日，我們有成就，成為有地位、有權勢的人，必須謹記這一守則，絕對要避免陷入這深井，否則就會後悔一輩子。

成功和失敗一樣，需要同樣的注意力。當自己不停往上爬，必須很小心保持平衡，才不會掉下來。這保持平衡，穩定往上爬的力量就是避免成功所帶來的驕傲、自大和濫用權力。每個人必須隨時警惕。

守則七、記得施比受更有福

大部分人一輩子都在接受別人給的：工作為了賺取金錢、獲得別人讚美；努力求學，為了接受好的教育和得到工作機會……，好像我們一輩子都在追求接受別人給予我們的。

接受別人的金錢、讚美、幫助並沒有錯，只要自己堂堂正正做事做人，我們就應該接受我們應得的。在成功的道路上，除了接受外，我們付出的必須比接受更多。記得付出和接受是一個平衡系統，必須有人付出，另一個人才有接受。在成功和快樂的指標中，我們付出必須大於接受。例如，我們應當付出更多愛心、感激、關懷、幫助、讚美等。記得在接受別人的付出時，將這份關懷擴大、加倍擴散到其他需要幫助的人。

我的女兒在美國出生、求學，在高中時代，她們有一堂課名為課外活動，其內容之一是社區服務工作。她們在暑假中會到一個名叫"Sacred Heart"的組織去幫忙整理衣服、食物、日常用品。這些東西都是熱心人士、社區超級市場、餐館所捐助的東西，然後分發給低收入戶、遊民和其他需要幫助的家庭。"Sacred Heart"位於生活水平較差的地方，我們都以為女兒會很不適應和討厭這樣的工作，可是每次當我們接送她去做這份工作時，她總是神采奕奕，非常快樂。我們問她為什麼那麼高興？她的回答是“Giving is much better than receiving.”（施比受更有福。）的確，對一位嬌生慣養的女高中生，一生中都在收受別人的恩惠，當自己有能力去施給，幫助別人時，那一股快樂和滿足的感覺是無法形容的。

名人格言

You can't live a perfect day without doing something for someone who will never be able to repay you.

不為那些永遠無法回報你的人付出些什麼，就稱不上是完美的一天。

前美國加州大學洛杉機分校(UCLA)籃球教練約翰伍登(John Wooden)

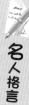

守則八、必須懂得管理金錢

大家都知道金錢的重要性，也知道金錢的破壞性，人生許多痛苦和快樂都和金錢有關。但是許多人都不知道如何管理金錢，反而讓金錢成為阻止我們邁向成功和快樂道路的絆腳石。

從小每個人就必須學習如何去管理金錢，管理金錢守則第一條就是收入必須大於支出。許多人習慣於出手大方，跟隨潮流，花錢的速度就像他已經沒有明天一樣，結果每天被信用卡、貸款加上日常消費壓得喘不過氣。如果一個人生活在金錢壓力下，那快樂和成功的人生夢想將是奢求。

・3×10原則

除了收入比支出多之外，隨時遵守3×10原則：百分之十的收入存入銀行以備不時之需；百分之十的收入投資在不動產、股票、基金等；百分之十的收入貢獻給學校、基金會、福利機構。這也就是控制自己的支出低於收入的百分之七十。窮人必須控制支出，隨時遵守3×10原則，才不會讓金錢成為個人在成功、快樂道路上的絆腳石；富人更必須懂得如何管理金錢，才不會讓金錢成為罪惡的根源。許多富人為了爭產，父子、兄弟姊妹、母子相互訴訟，甚至親人往生後，因為財產訴訟糾紛，每個人只關心自己繼承了多少財產。其實，財產是取之於社會用之於社會，個人財產的累積是社會上無數人努力的結果，因此，富有人士管理金錢最好的方式，就是除了基本所需的金錢留給自己養老和子女外，全部捐獻給社會和國家，這也是保證擁有快樂和充實的人生的作法。

．美國首富的作法

美國兩大首富——微軟的創辦人比爾蓋茲(Bill Gates)和有名投資家華倫巴菲特(Warren Buffett)就是最佳金錢管理者的例子。這全世界第一和第二富有人士，總共捐獻出高達一千億美元的財產給全世界，這也就是為什麼世人這麼崇拜比爾和巴菲特。大筆財富也沒有造成比爾和巴菲特的困擾，他們還是像一般上班族非常快樂，每天追求新的挑戰和目標。就像巴菲特決定將自己所有財產交付於比爾與美琳達蓋茲基金會(Bill and Melinda Gates Foundation)的談話：「我相信比爾，他比我懂得管理金錢，我很高興將這筆錢交付給他去做對全世界很重要的事。」

比爾和巴菲特的故事將流傳給下一代。他們不僅是微軟的創辦人和全世界最佳投資人，也是取之於地球，用之於地球的最佳例子，為世界創造更健康更快樂的未來。

名人格言

錢財是身外之物，生不帶來，死不帶去。因此，金錢不要太多，只要夠用就好了。

臺灣諺語

小結——貢獻自己，改變現況，鼓舞他人！

在這一章，我們一起分享充實、快樂、成功人生所必須注意的路標和關鍵。除了這八點以外，我相信讀者也有獨特的經驗和觀察。只要可以促進維持平衡、快樂、成功的信念、行為和習慣，你都可以將它加入這八點中。當感覺走向叉路、迷失方向、失去自信心、失意的時候，記得重新再讀這一章節，很快我們又會回到正確道路上。

如果你可以讀完前面八章，你應當具備一位成功和快樂的人士所需要的條件，也朝著成功、快樂和健康的道路行走著。現在，讓我們一起將目標擴大，除了個人成功、快樂外，在第九章，希望你一起加入我的行列，貢獻自己，改變現況，也鼓舞他人一起加入來改變現況。

第九章　改變現況

不要懷疑你的力量

別以為你沒有改變現況的能力，讓愛傳出去，你的微小力量，其實有巨大的影響力!!

在這本書中，我們學習如何改變自己，改變信念，改變習慣，藉此充分發揮個人體能、智能、情感能力和精神能力，走向充實、成功和快樂的人生。

這些改變著重於自身基本的修行，但如果只強調本身的改變，是無法改變我們的環境和社會現況。在第二章〈個人的選擇、信念和成功關鍵〉中，作者提出了要改變社會的現況，我們必須有更多的第九類型和第十類型的個人——改變自己，然後去改變現狀以及鼓舞別人一起去改變現狀。

社會是由許多個人所組成，就像圖9–1一樣。社會環境就像一個空空的宇宙，在這空空的宇宙，存在許多大大小小的個人影響力。要改變社會環境的方式決定於個人培養四種能力後，不僅能夠坐而言，而且起而行去增加個人影響力，就像圖9–1中的圓圈擴大出去。在擴大個人影響力外，一起激發其他人擴大他們的影響力，讓這股富有、充實、快樂、幸福的影響力涵蓋整個社會環境為止。

◎圖9–1　個人影響力

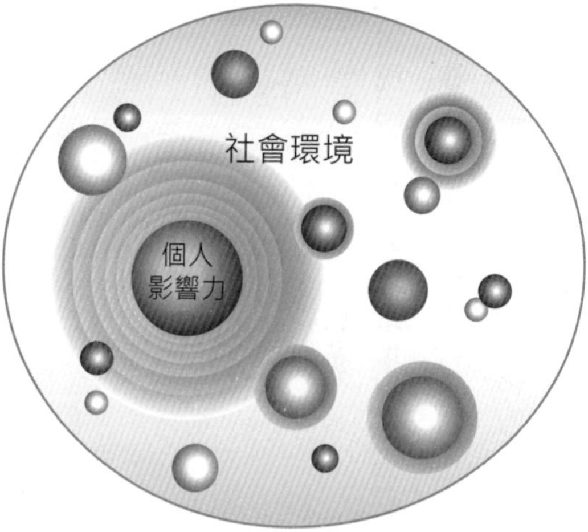

名人格言

Give me a lever long enough, and a prop strong enough. I can single-handed move the world.

如果給我一個夠長的槓桿和一個堅固的支柱，我能以自己的力量改變這世界。

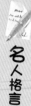

希臘天文學家阿基米德(Archimedes)

9.1 該改變的現況

如何用個人影響力去改變現況呢？現今社會環境充滿物質和個人主義，物質的享受和金錢的擁有是人人每日追求的夢想。結果每個人天天沉溺於自我、自私、自大滿足感中，時時在心中只有「我、我、我」(me, me, me)的思考方式，完全不將別人的感受、心情和影響放在行為處世的考慮中。結果，待人處世的方式是「不是你死，就是我活」兩敗俱傷的局面，這種勝成王敗為寇的思考方式，將社會變成超級競爭、殘忍、不人道、向下沉淪的環境。造成今日這種消極、不人道的社會環境主要歸咎以下四類原因。

第一類原因——大眾媒體報導

在九〇年代後，包括電視、電影、電腦、廣播、書籍、雜誌等大眾媒體的普及，加上電腦、電動玩具的發展，幾乎一天二十四小時，我們都曝露在大眾媒體的報導中。新聞頻道為了填滿二十四小時新聞節目，必須盡其所能、翻箱倒櫃的報導各種千奇百怪的新聞以維持收視率。為了廣告和收視率，這些新聞充滿暴力、色情和負面的資訊，因為沒有人對好人好事，循規蹈矩的新聞有興趣。

除了電視外，電腦、電子媒體、廣播……其他大眾媒體在現實的收入壓力下，也都開始報導負面、不健康、不人道的新聞。因此，要改變現況必須從拒看不健康的報導開始。當我們看到這些不健康報導，我們可以關掉電視、關掉電腦，不再接觸這種新聞，然後告訴自己，這些報導只是社會的一個缺陷，其實大部分的人是善良的好人，人間處處有溫暖。利用自己心理的正面觀點來抵銷這些新聞的影響。除了自己拒看這些新聞外，鼓勵大家一起行動，所謂團結力量大，只要有足夠的人拒看這種新聞，這些大眾媒體在社會大眾的壓力下，就會改變新聞的報導。如此，我們一起努力就可以改變大眾媒體的現狀。

第二類原因——廣告

廣告成為現代生活的一部分，隨時隨地都可以看到廣告的蹤跡，我們的生活和廣告沒有辦法分離。廣告中看到俊男美女、名人穿金戴銀；明星開名車、用名牌、住別墅，展示出種種令人羨慕的美貌和物質享受。在廣告中，這些人看似非常幸福快樂和成功，久而久之，人們以為物質享受就等於快樂和成功。所以每個人無所不用其極和別人比，和廣告中的名人、明星比。人人要名車、名牌、大房子、鑽戒、吃大餐、用奢侈品、動手術返老還童等非常不健康的行為舉動。事實上，物質、名利、地位、外表不等於快樂或成功，天下沒有物質可以換得快樂和成功的。

·快樂源自內心非廣告商品

我們必須有這種認知，快樂和成功是內心的，是我們自己憑著努力獲得，不是外表、金錢、地位可以換取的。用這種心態，我們就可以避免受到廣告影響。我們不會和影歌星、運動名將、高官、貴夫人、豪門貴族相比，也不會羨慕或者學習廣告中所推銷的物質主義觀念。取而代之的是，我們可以將廣告看成藝術去欣賞，而不需要它。對於廣告中的模特兒和名人、明星，我們祝福他們，但是不羨慕他們。許多廣告明星的背後，都有相當不快樂、不幸福的真實人生，和在廣告中所展示出的快樂、幸福完全背道而馳。只要我們可以保持這種心態，並且影響他人去保持對廣告的同樣心態，我們就可以一起改變不健康廣告社會現狀。

第三類原因——娛樂

記得小時候，在沒有電腦，只有黑白電視的時代，所謂的娛樂是到海邊游泳、山中捕蟬、養蠶、登山郊遊、打棒球、籃球等接近大自然、消耗體力的休閒娛樂。突然間，隨著科技的進步，自然生態的改變，居住空間也變狹窄，現代的娛樂變成電視、電腦、電子遊樂器、KTV等令人感官興奮，精神亢奮的娛樂方式，產生以下不健康的現象，這些現象也正是現今社會存在的最大隱憂，必須加以改進，否則社會將漸漸向下沉淪。

㈠以暴力為娛樂

當今娛樂充滿暴力。一個小孩在十四歲時，從電視上就可以看到一萬次以上的暴力和謀殺鏡頭。遊戲設計中以暴力作為銷售的靈丹，遊戲中以殺死敵人、警察、其他幫派的人數多寡來決定誰是勝利者，讓人分不清楚對或錯，真實還是虛幻，尤其是青少年。在美國就曾發生高中生用槍枝殺死老師和同學的慘案，當法官問他為什麼如此殘忍殺死了這麼多人？難道一點都不害怕、恐懼嗎？他回答說：「我以為他們都還會站起來，就像電動遊戲裡一樣，一直到我發現他們都已經死亡，不會再站起來，我才開始害怕，才意識到我是在真實社會中。」

要改變這種現狀，更應拒絕所有具有暴力成分的遊戲機或是娛樂媒體。除了這些方式以外，多關心青少年、年輕人，瞭解他們成長過程壓力，分享他們的憂慮，用宗教、家庭的關愛來改變他們可能的暴力傾向。

公眾人物、政府官員更需要謹慎言行，為人表率。在立法院大打出手，在call-in節目上的言語暴力，都是最糟糕的示範。還有絕對不可以姑息大眾場合中的暴力行為，不管動機如何正大，必須加以嚴厲懲處，大家必須以最高道德標準來口誅筆伐，否則會鼓勵暴力行為發生。這些暴力行為是汙染社會的最大根源。

㈡以色情為娛樂

成人節目充斥市場，以往屬於成人，只能夠私自隱密觀看的色情節目，隨著電腦的普及，不僅變成公開，而且未成年、心智尚未成熟的青少年都可以輕易接觸到。全世界的色情企業是幾十億美元的生意，為了生意競爭，吸引更多觀看的人，色情節目變得更大膽，而且變相，許多粗俗、不倫不類的行為都在這些節目可以看到。社會中許多性犯罪、性騷擾都和青少年、年輕人過分接觸色情資訊，使自己變成無法控制性幻想有直接的關係。

另一類色情則是性交易。性交易不僅是色情的問題，更是人道和道德的問題。大批貧窮、無依無靠的第三世界女孩被騙、被逼迫從事色情行業，過著不人道沒有光明的日子。許多人利用這些女孩斂財，用別人的自由和尊嚴來滿足自己的私欲，不僅逼迫她們從事色情行業，而且用毒品、暴力去控制這些女孩，真是罪該萬死。而這性交易行業會成為如此龐大的生意，主要是因為有許多需求者，而這些買春客許多是為人兄長、有家室、正當職業，甚至是企業主管、社會名人，這些人利用不當名義，像招待廠商、朋友，談生意等，用色情來交換生意和建立人際關係，這種行為必須口誅筆伐加以阻止。

因此，要改變社會現況，我們可以從控制青少年、未成年人接觸色情資訊著手，並且提供正確性知識和異性交往，讓未成年人有機會接觸和瞭解異性，灌輸他們正確的知識。更重要的是，我們必須禁止前往色情場所，杜絕色情交易。在生意往來中，不以色情招待作為企業經營的方式；對於從事色情行業、操縱色情的人士，必須給予最嚴厲的處罰；對於許多因為貧窮而不幸落入色情交易中的女孩，必須給予協助，讓她們和其他人一樣有機會過著正常生活。

㈢恐懼和怨恨為娛樂

現代娛樂充滿的不是恐懼、怨恨就是悲傷。如摔角，臺上的演員用所有可能表現出恐懼和怨恨的行為加諸對手；臺下的觀眾像吸毒一樣大聲叫喊去鼓勵演員所製造出來的怨恨和恐懼。除了摔角以外，最近開始興起"Ultimate Fighting"（最後的決鬥），是真實打鬥直到對手投降或者受傷無法再戰為止。這種娛樂製造的怨恨和恐懼，以凌虐對手、瓦解對手、讓對手害怕等策略來吸引觀眾。有時候在場觀看的觀眾支持不同對手，由於競賽中所產生的怨恨，在場外也大打出手。在報紙、電視新聞中，看到全球暖化的威脅；北韓、伊朗核子武器的威脅；伊拉克、阿富汗自殺爆炸；臺灣洪水、颱風侵襲；美國龍捲風；西班牙飛機失事；謀殺、搶劫、暴動……，在短短不到三十分鐘的電視新聞，以及五～六頁的報紙中，每個人接觸到幾十個充滿恐懼、怨恨的新聞。這些資訊讓我們產生各式各樣的恐懼以及怨恨，要改變這樣的現況，我們必須從自身做起，瞭解上天創造的社會是和平、慈善、溫暖和互助的。恐懼和怨恨是起於自己的心理，我們可以選擇恐懼和怨恨，也可以選擇充實和善良。只要每個人以溫暖、善良、互助的態度來對待他人，就會成為和平、溫暖、快樂的社會，所有恐懼和怨恨也就消失了。

第四類原因——社會文化的影響

「各人自掃門前雪，不管他人瓦上霜」的觀念，在現代社會中處處可見。從人人抱怨政治惡鬥、不良媒體報導，可是起身去改變這個現況的人卻少之又少可看出。大家總是忙於自己事業、家庭，只管自己，不管社會國家前途。和朋友聊天的話題，充其量只是罵罵政府、政治人物，然後回到原點。

在現代社會中，許多貧苦、弱勢人群需要幫助，可是伸出援手的人卻很少。同樣的理由，個人太忙於自己，無法管到其他人的問題。我們經常會看到路旁有人汽機車拋錨需要人幫助，結果大家急駛而去，沒有人停下來，因為我們都有自己的事。這種從小的教育與社會文化造成人們缺乏溫暖、人道、互助的現況。

要改變社會現況，我們必須改變這心態。人是互助、群體的動物，我們都是上天所創造的。我們雖然外表、舉止、行為、種族有所不同，但是我們都是一家人。摒棄「不管他人瓦上霜」的觀念，勇敢的站出來，看到需要幫助的人就伸出援手，看到不合理的事就改變它。只要我們一起執著人助自助互助，操之在我的觀念，不管事情大小，不論男女老幼，用自己的心，自己的能力，自己的頭腦去幫忙我們接觸到的人。這個社會也就經由這些行為成為一個向上提昇，更美好的社會。

9.2 一個人可以做什麼？

作者和每位讀者一樣都是接受華文教育，從小在儒家思想和教條式的正規教育下所訓練成。我們被訓練去聽從老師，遵守教規，一個口令一個動作。我們成為一群高知識的機械人，跟著口號、命令、教誨向前走。即使所走的方向錯誤，我們也不敢指正或提出疑問。離開學校，出了社會，取代老師和教條式教育的是一群老闆、高官、專家、偉人、法律、風俗，開始控制、指示我們每一個決定和工作。

自己一個人可以做什麼呢？我們選擇逃避面對那些不合理、不公平制度和社會亂象，然後推給那些有權勢、有能力、坐大位的英雄們。因為我們總是藉口一個人可以做什麼呢？產生什麼影響呢？只不過是白費力氣而已。

名人格言

Any fool can make a rule and every fool will mind it.

任何人，包括笨蛋都可訂下教條，所有笨蛋就盲目的遵守著。

美國作家亨利大衛梭羅(Henry David Thoreau)

幾年前，我在希捷的頂頭上司喬爾魏斯(Joel Weiss)曾對我說一席話，他說：「Steve，你有很不平凡的能力和個人品德。只要發揮你所有的能力，你個人可以產生很大，而且深遠的影響。這個影響不僅僅是你個人，更會對你周圍的人產生很大的影響力。」

為了回應喬爾對我的期待，我研習許多書，觀察和整理許多故事去探討這個問題：一個人可以做什麼？以下是我所歸納的一些故事：這些真實故事，許多是名人故事，也有許多是普通人民，就像你和我一樣。他們以不同的方式告訴大眾一個人可以做什麼？

可以產生什麼影響力？

名人格言

Nothing great will ever be achieved without great men, and men are great only if they are determined to be so.

如果不是因為那些偉大的人類，世界上沒有什麼偉大事情可以被完成。這些人之所以偉大，主要是他們決定去做這些偉大的事。

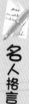

二十世紀法國政治家戴高樂(Charles De Gaulle)

一、真實案例分享

艾瑞克費曼(Eric Freeman)

就在我寫這本書時，我的部門有一位加州柏克萊高材生，在希捷服務了十二年後，決定辭職，放棄年薪十六萬美元的工作，投入非營利慈善機構的行政工作。過著每年四萬美元薪水的生活。我問艾瑞克，他一個人可以做什麼？他回答說：「在希捷我的工作只影響到周遭幾位工程師，技術員和他們背後的家庭，我準備接手的這份慈善工作，我一個人可以影響到幾千、幾萬個需要幫助失落的年輕人。我將在這慈善機構負責行政工作，以及說服公司、有錢人捐款給基金會，用來幫助失學和迷失的年輕人。這個慈善工作將可以造福更多需要幫助的人。比起在希捷的工作，影響更大，也更有意義。」

凱文伊薩(Kevin Eassa)

在凱文成為希捷的資深副總經理後，他決定放棄薪水、紅利和股票加起來超過百萬美元的工作，在家多陪伴兩個在高中讀書的孩子，以及幫助自己所屬教會建立教堂，並且成為教化誤入歧途的高中生導師。我問凱文，一個人可以做什麼？他說因為他的照顧，兩個孩子不會變壞；因為他的工作，許多人可以到教會禮拜；因為他的影響，幾位問題高中生戒毒、戒菸、重拾書本。他除了影響和他接觸的人以外，還有教會教友以及眾多的高中生，影響非常深遠。當他看到自己小孩快樂的臉龐、失落高中生所表現的感激，和重新找回自己，他知道自己已經對許多人產生正面、深遠的影響。

印度的甘地

沒有任何職位、財富和別人的贊助，靠著個人絕食抗議，幫助印度脫離英國獨立。

南非的曼德拉

一位黑人，在種族隔離的南非，沒有地位、沒有自由，長期被關在牢中，他一個人的理念結束了南非種族隔離政策，並且成為南非第一位黑人總統。

臺灣的證嚴法師

目睹原住民婦人因為沒有保證金被拒絕醫治，在花蓮傳統市場靠著三十位家庭主婦每天省下五角錢，投入竹筒裡，開始慈善濟貧的工作。慈濟在慈善、醫療、教育、人文、國際賑災等方面都有極大的貢獻，受到社會大眾所尊崇。

印度的德瑞莎修女

一位貧窮婦人因為印度種族階級關係，被醫院拒絕醫治，死在德瑞莎的手臂中，德瑞莎因而用她全部生命去幫助印度最窮的人，她是一九七九年諾貝爾和平獎得主。

孟加拉的尤納斯

一位受美國教育的尤納斯(Muhammad Yunus)教授，明瞭自己同胞因為貧窮、飢餓，面臨死亡的慘境。他開創和發展「微額貸款」的服務（新臺幣一百～一千元），去救濟和幫助貧窮人，自力更生。有一千多萬人受到他的幫助，現在可以自力更生，免於飢餓和死亡。他是二〇〇七年諾貝爾和平獎得主。

美國的約翰華爾斯(John Walsh)

約翰華爾斯(John Walsh)的兒子在一九八一年被綁架，然後謀殺。發生這件事以後，他成為人權和兒童保護的鼓動者。經過他的努力，美國國會於二〇〇六年通過兒童保護和安全法律，法律名稱為"Adam Walsh Child Protection and Safety Act"（《亞當華爾斯兒童保護安全法案》） 以紀念他的兒子 。 約翰華爾斯也是知名電視節目"America Most Wanted"（美國追捕的通緝犯）的主持人，幫助追捕作奸犯科的壞人。

名人格言

If a man hasn't discovered something that he will die for, he isn't fit to live.

如果一個人沒有尋找到連自己犧牲生命都願意去做的工作，那麼這個人還沒有生存的理由。

美國人權家馬丁路德金恩(Martin Luther King Jr.)

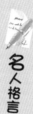

美國的肯蒂斯萊德尼(Candice Lightner)

一九八〇年，肯蒂斯女士的女兒卡羅(Carl)在加州住宅附近被一位酒醉駕駛的車子撞死。肯蒂斯女士決定以自己一人之力開始改變和阻止這種悲劇的發生。她成立了抗議司機酒後駕駛母親協會(Mother Against Drunk Driving, MADD)。美國因為酒醉駕駛而死亡的人數從一九八二年二萬六千人減少到二〇〇五年的一萬六千人。

平凡的榮民

一位居住在臺灣的七十多歲老榮民，每天步行去幫忙回收瓶、紙、罐，數十年來如一日，並將他的收入捐給慈濟幫助貧窮人士。

名人格言

Few of us can do great things, but all of us can do small things with great love.

只有少數的人可以做偉大的事，可是我們每一個人都可以用大愛做些小事。

天主教慈善工作家德瑞莎修女(Mother Teresa)

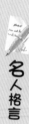

前往非洲行醫的連加恩

臺灣一位準醫生放棄在臺高薪職位，前往非洲偏遠地方行醫，幫助需要幫助的兒童和貧困人家。

因為這些人這些事，現在當我心中有「一個人的力量，可以做什麼？」的疑問時，我可以回答出：

「可以幫助失落的年輕人。」

「可以幫助自己親人、朋友和所有人。」

「可以幫助社區、問題家庭、少年及老弱婦孺。」

「可以對抗不合理，不正確的制度。」

「可以打擊犯罪。」

「可以保護弱勢團體。」

「可以改變國家、社會風俗。」

「可以拒絕酒醉駕車。」

「可以改變貧窮。」

「可以關懷社會大眾。」

「可以每日一善。」

「可以成為好榜樣。」

「可以……太多太多了。」

因此我找到最終的答案是「一個人的力量可以做任何事」，只要我們有決心，願意付出。一個人的力量可以改變現況、改變歷史，創造最好的社區和最快樂、和平的社會。

二、我們應該做什麼？

在找到了「一個人可以做什麼？」的答案後，我下一個探索的問題是「我應該做什麼？」作者歸納出四項「我們應該做」和讀者一起分享和鼓勵。這四項工作，我們每天都可以做，只要有心持續的做。那麼每個人都可以成為世界的給予者，而不是只拿不施。同時，也可以為美好的明天和燦爛世界貢獻一份心力。

・每天給世界最好的

最近，我養成一個習慣，在每天早上起床以前，我會想想這些事：

(1)我自己有多麼幸運，擁有好工作、家庭、友人、父母。感謝我現在所擁有的。

(2)心中想想自己關心的人，和關心自己的人。頓時間，正面情感拂面而來。

(3)今天要做一些興奮、新鮮的事，就會迫不及待一天的開始，朝夢想前進。

這幾分鐘的早上思考，幫助提振一天的精力，我馬上從床上跳下來開始我一天的充實生活。

在睡覺之前我會問自己：

(1)我今天有沒有給世界最好的？

(2)我有沒有給了太太和女兒最好的照顧，最好的榜樣？

(3)我有沒有給工作最好的能力？

(4)每天挑戰自己最好的，是不是還可以更好？

如果我們每天給予世界最好的，我們會發現世界最好的會回到我們身上。當我們給世界最好的，許多有形的回饋會回到我們身上。像我們如果給予工作最好的，會回饋金錢和職位回來；如果給予求學最好的，會回饋回來成績和學位。最重要的，除了有形的回饋，許多世界最好的無形的回饋會回到我們身上，像感激、關心、愛護、尊崇等，會從別人回到我們身上。因此，記得每天給予世界最好的，世界最好的也會回到你身上。

．做別人的天使

不管是什麼社會文化及背景的人，大家都知道天使。傳說中，當人們在困難、危險、需要幫助時，天使就會出現在空中，給人們指點和信心。實際上，沒有人真正看過傳說中的天使，但是在許多人心中的天使是真實存在的。這天使可能是朋友、父母、親戚、同學或者陌生人，每個人都希望有天使保護、指引。如果你是新公司開創者，希望有天使投資者(angel investor)；如果你每天搭乘大眾公共運輸工具，像捷運、公車、火車，你希望有天使保護者(angel guardian)。像慈濟的證嚴法師和德瑞莎修女，人們稱她們為大愛天使(angel of love)。我們應該做別人的天使，做子女、朋友、親戚，甚至陌生人的天使。做別人的天使，應該是做以下四件事情：

- 相信別人、給人們信心

天使的最大功用是建立人們信心。在困難、挫折時，天使給人們信心，相信每個人行為、品德和能力，指引每個人發現自己潛力去成長和進步，過一個有意義、快樂的人生。

- 教人釣魚而不是給他魚吃

所有的天使都不會直接干涉，或給予金錢、實質的幫助。天使會指導人們自己去親歷人生經驗，從困難和失敗中學習。當人們碰到困難，沒有辦法解決，天使會像良師發問問題，指引人們忽略的事務，回到正確的方向。

．替弱勢團體服務和發言

我們活在二十一世紀競爭的世界中，每個人都希望成為贏家，成為強勢團體的一員。我們拚命工作，希望成為大贏、大賺錢企業的重要一員。但相對的，許多弱勢團體，像小孩、殘障、婦女、遊民、原住民、老人、外籍新娘等，沒有社會資源，沒有高官，沒有權位，沒有金錢。也就沒有發聲的餘地。這些團體在以「贏，不擇手段」的社會中，只能默默的在黑暗角落中生活著。

每個人都可以成為為弱勢團體發言的一份子，作為弱勢團體的天使。從拜訪孤兒院、拜訪遊民、獨居老人、原住民、外籍新娘，加入一些已經成立的聲援弱勢團體組織開始，也可以利用網路部落格累積群眾力量，聲援弱勢團體，要求社會大眾，政府官員的注意力，及以實質的政策和立法去幫助這些弱勢團體。

．挑戰不合理、不公平現象和制度

許多社會不合理、不公平的現象和制度，是由於歷史背景或者當時制定者的私心。這種不公平的現象和制度也會造就一群受益者。當「受益者」掌握企業、社會、國家的權勢和決定權，這些不合理的制度也被視為理所當然。沒有人敢去挑戰它，就像「國王的新衣」一樣。當國王已經是赤裸裸什麼都沒穿，大家還是說國王的新衣真漂亮。

名人格言

People are illogical, unreasonable and self-centered. Love them anyway. If you do good, people will accuse you of selfish ulterior motives. Do good anyway. People favor underdogs but follow only top dogs. Fight for a few underdogs anyway. People really need help but may attack you if you do help them. Help people anyway.

有些人不合邏輯、不合理，而且自私自利，但不管怎樣，還是要關心愛護他們。如果你做好事，有些人會批評你有自私自利的出發點，但不管怎樣，還是要做好事。人都會同情弱者，可是只追隨贏家，但不管怎樣，為弱勢團體發聲出力。許多人需要幫助，可是當你幫助時，他們可能攻擊你，但不管怎樣，還是幫忙他們。

美國著名作家、演講家肯特基思(Kent M. Keith)

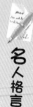

以臺灣為例，許多不合理現象和制度，都需要我們的挑戰，也許這種挑戰是不受歡迎，但是卻會讓明天更好。因為人生的目的，就是讓大家過得更好。

在華人社會中，還有許多不合理、不公平現象，需要我們一起去努力，挺身而出，做每個人應該做的。當每個人都用應該做的態度去面對當今社會，大家會很驚訝的發現不假時日，我們一起聯手可以改變現況，共同創造健康、平等、快樂的生活環境。

小結——以身作則：從自己開始，從現在開始！

在完成這本書的前夕，我閉上眼睛，回想我的過去，腦海中，許許多多人生的貴人和天使，他們在我人生不同階段給予我的「號召」(calling)又再次的出現。每一次，我回應他們的「號召」，我就向前邁進一大步，我的能力又激發到另一個高層次。我很幸運，也很感激這些人所給予我的號召。幫助我在人生旅途中大步前進，成為我成功的最大支柱。

我寫這本書的目的，是它可以成為讀者的「號召」。號召讀者「這是屬於你的時代」、「這是屬於你的時間，等待你們去創造不平凡的未來」、「這是你的機會，去激發所有的能力」、「這是你的選擇，去過更美好的明天」。藉由這號召，希望成為點起心中那股成功、競爭的火苗，讓它成為熊熊的大火。讓這永不熄滅的大火永遠在心中燃燒，伴隨讀者一輩子。

最後，我用以下「座右銘」和讀者共享和勉勵：

「盡情的愛，就像沒有被傷害過」

「盡情的跳舞，就像沒有人在看你」

「認真的工作，就像你不需要薪水」

「盡情去玩耍，就像一位長不大的小孩」

「盡情去夢想，就像沒有人可以阻止」

「盡情去關懷別人，就像每個人都需要關懷」

「每天對良心負責」

「每天給全世界最好的」

「每天都樂觀、快樂、積極」

「每天都進步」

「每天都相信，貢獻服務別人」

「每天都感激、感恩」

「每天都沒有害怕、恐懼」

「每天都抱著像在地球最後一天的心情，做自己想做的事，不要延遲到明天，因為明天可能不會來到」

「每天都健康、活力、成功和快樂的活著」

……還有更多你自己創造鼓舞的座右銘。

雖然，我和讀者並不認識，但是如果你讀到這本書的最後一段，在這閱讀過程中，我們已經相識了。我很感激你給我這個機會一起分享我個人的經驗和心得。我希望在讀完這本書後，你開始應用在生活、工作中，開始自己新的學習經驗。在你的學習經驗中，如果有新的見解和發現，更希望你可以和我一起分享，我會非常珍惜和讀者溝通的機會。也許他日我們會在不同場合中見面，請你不吝嗇的和我見個面，聊聊這本書的心得。最後，謝謝你的閱讀，後會有期。

名人格言

Somebody should tell us, right at the start of our lives, that we are dying. Then we might live life to the limit, every minute of every day. Do it! I say. Whatever you want to do, do it now! There are only so many tomorrows.

如果有人在我們出生時告訴我們，從出生以後我們就開始在往死亡道路上。也許如此我們會將生命過得更充實，把握每天的每分鐘。我說，去做！做任何你想做的事，現在就做。因為就只有那麼多明天呢。

美國演員麥克蘭登(Michael Landon)

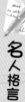

推薦|閱讀

【LIFE系列】

恩師與師恩 ——令學生感念的教養策略

溫世頌／著

當我們以為已經把孩子教得夠好，才發現其實許多教育和成長的問題，我們仍未真正掌握其中教養的精髓……

在競爭激烈的升學主義底下，我們的孩子面臨哪些學習問題？在自我成長的過程裡，孩子們又是如何去看待自我價值與人己關係？

作者累積多年在校任職的教學經驗，從教育心理學的專業角度，針對臺灣目前普遍存在的教育問題，提出基本的理念與看法，也藉此分享能夠讓學生們心存感念的一些教養策略。

本書用字淺顯易懂、寓意深遠，不僅適合剛踏入教職界的教育新鮮人，更是長期在杏壇耕耘的老師與關愛子女的家長們，不可或缺的教養寶典。

【LIFE系列】

在深夜的電影院遇見佛洛伊德 ——電影與心理治療

王明智／著

人們去看電影，不是為了看真實的世界，而是要能看「補足這個世界不足」的另一個世界。當一個故事順利流傳下來，那是因為這個故事幫助我們活下來，因為我們在現實人生中的經歷不足以讓我們活下去，更因為我們渴望的正義、事實、同情與刺激，往往只能在想像的世界中獲得滿足。

——《電影的魔力》(The Power of Film)

人們因為遭受困頓的處境而求助於心理諮商師，然而在許多電影當中，本身就蘊涵了富有療癒心靈的元素。透過電影，我們看著一則則別人訴說的故事，也同時從中澄澈自己的思考、省視自己的生命。

本書不僅帶領您重新領略許多電影故事，也讓您重新認識自己、瞭解人性與心理的本質，是電影愛好者與欲初探心理治療的您，不容錯過的作品。

.IFE系列】

幸福在我之內

.理書／著

也不會不幸福了，
為，我已從無常的外境浮沉中穩住，
向內在永恆的幸福之光。

幸福，是人生中重要的追尋目標，但幸福到底在哪裡呢？幸福
遙遠嗎？每個人都能夠擁有幸福嗎？本書將揭露幸福的祕密——
福在我之內。本書作者依據多年來心理諮商、心靈修行、工作坊
經驗，剖析現代人追尋幸福的盲點，藉由實際案例與自己的親身
歷，帶領讀者從承認、看見、相遇、實踐愛的步驟中，看到幸福
可能，並深刻體認到：幸福的努力，不只是外在的追尋，更是內
的修行。幸福在我之內，強調幸福與否由我來決定——當我在愛
，當我用愛來開啟行動，我就是幸福。這本書，是深遠細膩的幸
修行，能賦予心靈能量，啟動幸福的開關，幫助您深入內在創
，找回愛與和平。幸福在我之內，就從這裡開始。

三民網路書店 會員

通關密碼：A5675

獨享好康
大放送

憑通關密碼

登入就送100元e-coupon。
(使用方式請參閱三民網路書店之公告)

生日快樂

生日當月送購書禮金200元。
(使用方式請參閱三民網路書店之公告)

好康多多

購書享3%～6%紅利積點。
消費滿250元超商取書免運費。
電子報通知優惠及新書訊息。

超過百萬種繁、簡體書、外文書55折起　三民網路書店 http://www.sanmin.com.tw